Frédéric Soulié.

UN MALHEUR COMPLET.

Sur la grande route de Mayenne à Alençon, et à quelque distance de Ribay, l'on rencontre à droite un petit chemin devant lequel on ne passe guère sans le remarquer. Deux énormes noyers s'élèvent de chaque côté de ce chemin fort étroit, et en marquent l'entrée, au-dessus de laquelle ils forment une épaisse voûte de feuillage. Une croix de pierre est posée sous chaque noyer ; il en résulte une espèce de décoration théâtrale qui arrête tout d'abord les regards des passans. On appelle cette entrée la Porte des Pendus. Son arrangement, qui ne manque pas d'une certaine grâce agreste, et le nom qu'elle porte, ont une origine trop singulière pour que je ne la raconte pas, quoiqu'elle ne tienne en rien au fond de ce récit ; mais j'espère qu'on me pardonnera ces détails et quelques autres, que je crois devoir mettre ici en forme de préambule, à cause de leur exacte vérité, et peut-être aussi à cause de l'impression qu'ils firent sur moi. En effet, il est possible que l'histoire qui me fut dite alors ne m'ait paru si intéressante que par le cadre dans lequel le hasard me la fit voir, et je voudrais faire partager à mes lecteurs un peu de cette surprise que j'éprouvai en rencontrant, dans une lande du Maine, le secret d'une existence qui avait longtemps occupé les salons de Paris.

Or, voici l'origine de ces noyers et de ces croix. Les deux champs qui bordent l'étroit chemin dont j'ai parlé plus haut appartenaient il y a bien des années au même propriétaire, riche closier du département de la Mayenne. Deux fils jumeaux lui étant nés, il fit planter deux noyers à la limite de chacun de ces champs. « Je veux, disait-il, que ces arbres croissent comme mes fils, et que leurs branches entrelacées soient l'image de l'affection qui unira éternellement mes enfans. » Tels étaient les vœux de ce bon père. Ses enfans les exaucèrent assez mal. Les deux petits garçons marchaient à peine, que c'étaient pour se poursuivre l'un l'autre et se battre à coups de poing. A douze ans, ils s'étaient réciproquement cassé deux ou trois dents, et à vingt ans, l'un d'eux avait brisé un bras à son frère qui lui avait rompu une jambe. L'autorité du père avait empêché les choses d'aller plus loin, et l'âge étant venu avait calmé, sinon la haine que se portait les deux jumeaux, du moins les actes de violence qu'elle leur avait inspirés. Ils avaient près de quarante ans lorsque leur père mourut, après avoir partagé ses biens entre eux par un testament d'une équité parfaite et qui devait prévenir toute contestation. Mais l'antipathie des frères fut plus forte que la prévoyance du père, et à peine fut-il mort qu'elle reprit son cours. Le temps des coups de poing et des coups de bâton étant passé, ils eurent recours au papier timbré, et tous deux, d'un commun accord de haine, attaquèrent le testament de leur père. Le procès dura tout ce que peut durer un procès. Mais toute chose a une fin, même un procès manceau, et le testament fut maintenu. Le soir même où les deux frères apprirent cette nouvelle, ils quittèrent chacun sa maison, et on les retrouva tous les deux le lendemain matin pendus chacun à son noyer. Que l'un eût pendu l'autre par vengeance et se fût pendu après par remords, que chacun se fût pendu par soi, au désespoir de ne pouvoir plus faire de mal à son ennemi, c'est ce qu'on n'a jamais pu découvrir, quoique les bonnes gens du pays prétendent qu'ils s'étaient pendus l'un à l'autre, ce qui m'a paru toujours très difficile à expliquer. Toujours est-il que dans l'ignorance où on était de la cause de leur mort, on ne les enterra point en terre sainte, et qu'ils furent inhumés chacun au pied de son arbre. Plus tard la famille fit élever une croix de pierre sur la tombe de chaque frère, et voilà pourquoi l'entrée de ce chemin est si pittoresquement disposée, et pourquoi elle s'appelle la Porte des Pendus.

Si l'on entre dans ce chemin, on marche pendant une demi-lieue à peu près entre deux hauts remparts de haies vives. Ce terrain fortement ondulé sur lequel serpente ce sentier couvert, amène une foule d'accidens pittoresques, étroits paysages aux horizons bornés, semés dans cette route dont on ne voit pas le but, pour l'animer et la rendre facile, comme seraient des images gracieuses et des mots heureux dans un récit où l'on avance sans savoir où l'on va. Cependant, à mesure que l'on s'engage en avant, les murailles vertes entre lesquelles on est enfermé s'interrompent. La stérilité de la terre y a fait de larges brèches. Ce ne sont plus ces champs fertiles coupés de haies touffues, mais contigus, et régulièrement serrés l'un contre l'autre. De longues bandes de bruyères ou de genêts les divisent, les étendent peu à peu, les champs s'éparpillent et n'arrivent plus au bord du chemin isolé sur un sol de sable. Comme le voyageur qui parcourt les frontières de la grande Amérique et qui ne rencontre plus que çà et là de rares habitations, s'aperçoit qu'il arrive aux confins de la civilisation, de même on sent qu'on touche dans cet étroit pays aux limites de la culture. Mais là ce sont les hommes qui ont manqué à la terre, tandis qu'ici c'est la erre qui a manqué aux hommes. Enfin lorsqu'on a dépassé quelques maigres enclos, semblables aux traînards de cette armée de moissons qu'on vient de traverser, on arrive dans une vaste lande complètement dépeuplée de végétation. Ce n'est, à vrai dire, ni la savane illimitée du Nouveau-Monde, ni le désert immense de l'Afrique. Mais ne suffit-il pas qu'après une heure de marche dans cette plaine, on puisse se tourner à l'orient ou à l'occident, au nord ou au midi, sans voir un arbre où s'abriter du soleil, une maison où s'abriter de la pluie, pour se laisser aller facilement à l'idée qu'on est bien loin de cette civilisation splendide, active, turbulente, qui, à l'approche des grandes villes, hérisse la terre de vergers, de moissons, de villas fleuries et d'usines enfumées.

Or, c'était pendant une brûlante journée d'août 1823 que je traversais cette lande. Le but de mon voyage n'avait rien de bien poétique. J'allais, pauvre surnuméraire des contributions directes, exécuteur infime d'une loi de finances, compter les portes et les fenêtres d'un village perdu dans ce désert, et imposer l'air et la lumière de ses misérables habitants. La nécessité d'avoir ce qu'on appelle un état m'avait arraché depuis quelques mois à mes vers rêveurs de jeune homme et à ma vie joyeuse de Paris : au lieu des touchantes élégies où je me sentais mourir, de ces gais soupers où je m'amusais à vivre, j'écrivais des états de recensement, et je partageais les durs légumes et la galette sans beurre des paysans de la Mayenne. Et cependant je m'étais d'abord facilement résigné à cette occupation. Si petite qu'elle fût, elle avait son autorité. Je rendais une espèce de justice souveraine et presque sans contrôle. Lorsque j'abordais quelque riche habitation, je ne laissais pas échapper une barrière de bois ni une lucarne : l'agent fiscal était impitoyable ; lorsque j'entrais dans quelque misérable cabane, j'oubliais toujours quelques fenêtres : le receveur était très humain. Je trichais le gouvernement au profit de la pauvreté. Était-ce de l'opposition au pouvoir ou bien un abus de pouvoir que je faisais ? Je laisse à juger la question aux plus graves publicistes.

Toutefois, malgré cette manière assez poétique de distribuer l'impôt, je me trouvais à bout de courage. Depuis trois mois que j'exerçais ce dur métier, c'était toujours la même scène. C'était toujours un travail matériel qui me tenait en marche chaque jour pendant douze ou quinze heures, et cela n'était guère sympathique aux goûts d'un homme qui avait déjà en portefeuille dix actes de tragédie écrits avec toute la paresse d'un faiseur de vers. Je marchais donc péniblement à travers cette lande, sous un soleil de trente degrés, et une tristesse sérieuse me prit ; tristesse tellement sérieuse, en vérité, que malgré la solitude où je me trouvais, je ne pensai pas à la traduire en stances élégiaques. Je m'apitoyai insensiblement sur le sort des pauvres paysans qui habitaient cette rude contrée, et bientôt après sur la nécessité qui me forçait à leur aller demander une part de leurs maigres revenus. Peu à peu, et comme cela doit arriver à tout homme qui est né pour faire bien ou mal des romans, je m'engageai si avant dans mon désespoir imaginaire, que je parvins à me prouver que j'étais le plus misérable des hommes. Je m'assis sur une pierre de terre. J'oubliai mon devoir, j'oubliai plus encore, j'oubliai l'heure qu'il était, la route qui me restait à faire, et je me trouvai à la nuit tombante au milieu de cette lande. Je me remis en marche. Un autre que moi ne se fût point égaré, en suivant assidûment le sentier battu où j'étais engagé. Mais alors j'étais jeune et superbe, et le sentier battu, ce qu'on appelle vulgairement routine, me paraissait très méprisable ; je voulus m'orienter, et me rappelant que le village où je me rendais était au sud-est de celui que je venais de quitter, je tentai une pointe dans cette direction, oubliant tous les détours que j'avais faits pour arriver au point où j'étais. L'élève de Rousseau se retrouve dans les bois de Montmorency, grâce à l'astronomie et à la position du soleil. Je m'égarai dans les landes de Villaines,

grâce à l'étoile polaire, ce qui prouve que j'étais un bien mauvais écolier, ou que Rousseau n'était pas un excellent professeur. Depuis deux heures que je marchais, je ne sais où je serais arrivé si une lumière que je vis poindre à l'horizon ne m'eût fait descendre de ma science pour me montrer un asile que ma fatigue réclamait instamment. J'étais seul ; je n'avais à rougir devant personne de ma bévue, et cette fois, passant des hautes leçons de Delambre aux contes de ma nourrice, je marchai droit à la lumière comme le petit Poucet, le petit Poucet, le plus grand héros de la poésie moderne après Roland. Comme le petit Poucet, j'arrivai à une maison, mais ce ne fut point à celle où brillait la lumière ; je rencontrai bien avant un ramassis de misérables petites cabanes de terre, la plupart sans porte ni fenêtre. Je soulevai le misérable lambeau de tapis qui fermait l'entrée de l'une d'elles, et je demandai si je n'étais pas à Villaines.

— A Villaines ? me répondit une voix de femme ; vous en êtes à plus d'une lieue et demie.

— Quel est donc cet endroit ?

— Ce sont les Huttes.

— Est-ce le nom du village ?

— Hé ! ce n'est pas un village, me répondit une voix plus rude, ce sont les Huttes.

— Pourriez-vous m'enseigner où je trouverai une auberge dans ce pays ?

— Une auberge ? Est-ce qu'il y a des auberges ici ?

— Mais n'y a-t-il pas une maison où je puisse passer la nuit ?

— Il y a celle-ci et beaucoup d'autres, si cela vous convient.

L'aspect misérable de cette demeure, que la clarté des étoiles m'avait montré à l'extérieur, et la puanteur nauséabonde qui s'en exhalait, me déterminèrent à ne pas accepter une pareille hospitalité, et je continuai ma route. Je rencontrai quelques cabanes de la même apparence. J'aperçus dans l'une d'elles une faible clarté, j'y entrai. Je venais de parcourir et de visiter des hameaux bien pauvres, mais jamais pareille misère ne s'était montrée à moi. Toute une famille de dix personnes entassées dans une hutte de douze pieds de diamètre ; pour tout meuble une table, deux bancs et un vieux bahut délabré ; pour toute couche des bruyères sèches jetées le long des murs ; couchés pêle-mêle, des hommes, des femmes, des enfans, et encore là le même air méphitique, la même odeur nauséabonde. Une femme veillait encore et filait à la clarté d'une lampe. Elle se leva au moment où j'entrai, je lui fis les mêmes questions que j'avais déjà faites et j'obtins les mêmes réponses ; seulement je pus remarquer le visage de celle qui me les adressa. C'était une figure hâve, d'où la vie semblait retirée, des yeux incertains sans lueur d'intelligence, un corps décharné couvert de lambeaux hideux, et à la naissance du cou de profondes cicatrices de scrofules. « Vous pouvez dormir là, me dit-elle en me montrant la terre. » Je ne pus retenir l'expression de mon dégoût. Cette femme ne s'en aperçut point. Je lui demandai alors si, à défaut d'auberge, je ne trouverais pas une maison, une ferme où passer la nuit.

— Il y a le château, me répondit-elle.

— Eh bien ! si quelqu'un veut m'y conduire, je le paierai bien.

— Avec de l'argent ? me dit-elle.

— Oui.

Elle sourit alors et alla éveiller un des hommes qui dormaient. Elle lui parla tout bas et il se leva. C'était la même misère, la même décrépitude, les mêmes plaies. Il sortit de la cabane et marcha devant moi sans prononcer une parole. Ce qu'on appelait le château était encore fort éloigné, et bientôt je me trouvai engagé dans un sentier seul avec un homme qui avait jeté un singulier regard de convoitise sur la pièce de monnaie que j'avais donnée à la femme de la hutte. Cependant, comme il marchait devant moi, je me rassurai sur la possibilité d'une attaque imprévue de sa part. Après une demi-heure de marche, nous nous trouvâmes à la porte de la cour d'une maison d'assez bonne apparence ; à peine avait-il frappé qu'on ouvrit, et qu'une servante dit en voyant quelqu'un :

— Est-ce vous, monsieur Benoît ?... Arrivez vite, madame se meurt !

— Hélas ! dis-je à cette femme, je suis bien mal venu ; je me suis égaré dans cette lande, et je comptais demander un asile à la maîtresse de cette maison.

— Est-ce vrai, Pierre ? dit cette femme, en s'adressant à mon guide et en lui mettant la lumière sous le nez.

L'habitant des Huttes n'avait pas eu le temps de répondre, que je m'écriai :

— Que se passe-t-il donc là-haut ?

En effet, je venais de voir briller une clarté extraordinaire à l'une des fenêtres du premier étage. La servante y jeta les yeux et courut vers la maison en criant :

— C'est quelque malheur encore ! le feu aura pris aux rideaux !

Je courus sur les traces de la servante, et j'entrai presque aussitôt qu'elle dans une chambre d'une élégance parfaite. Au coin d'une cheminée de marbre blanc, était assise une femme enveloppée d'un peignoir blanc, et qui regardait brûler une grande quantité de papiers entassés dans la cheminée. C'était là la cause de la vive clarté qui nous avait frappés.

— Mon Dieu, mon Dieu ! madame, lui dit la servante, comment vous êtes-vous levée ? Quelle imprudence !

Cette femme ne lui répondit pas, mais elle leva vers moi sa main décharnée, et, me montrant du doigt, elle lui dit :

— Quel est ce monsieur ?

La servante lui expliqua en quelques mots le sujet de ma venue : la malade me fit une légère inclination de tête, et avec un geste faible, qui m'invitait à me retirer, elle me dit :

— On va vous donner une chambre, monsieur.

Je repris l'escalier que j'avais monté et j'entrai dans une cuisine où l'homme qui m'avait servi de guide s'était installé ; il tenait un morceau de pain et le dévorait avec une avidité farouche.

— Comment osez-vous prendre quelque chose dans cette maison ? lui dis-je.

Il me regarda de travers comme un dogue à qui on veut arracher l'os qu'il ronge. A la lueur plus brillante de quelques chandelles allumées dans cette cuisine, je pus mieux voir que le caractère d'idiotisme qui m'avait frappé dans la femme de la hutte était encore plus marqué dans cet homme. Je le laissai faire et je m'assis dans un coin. J'avais été frappé de l'élégance de la chambre où le hasard m'avait conduit. Je remarquai l'ordre et la nette propreté de la cuisine où je me trouvais. Cela ne ressemblait en rien ni aux entassemens mal rangés de cuivres et de poteries que j'avais eu occasion de voir dans les vastes et nombreuses offices de certains châteaux et des riches maisons qui faisaient état de bonne cuisine ; cela n'avait pas non plus la mesquinerie des ménages des petits propriétaires du pays. C'était le comfortable complet et bien ordonné que le petit nombre et l'exiguïté des pièces consacrées au service domestique ont enseigné aux Parisiens.

Il est possible que mes lecteurs trouvent l'observation déplacée, ou tout au moins singulière ; mais ce qui est inaperçu dans certains endroits devient saillant en d'autres lieux. Dans les sales hameaux de la Basse-Bretagne, la rencontre d'un homme en chemise blanche est un fait remarquable et auquel il faut prendre grande attention ; car cela dénote pour le moins la présence d'un fonctionnaire d'un rang assez élevé. Qu'on ne s'étonne donc pas si le contraste de la pièce où je me trouvais avec celles que j'avais été forcé de visiter depuis quelque temps me frappa, malgré la gravité de la circonstance qui avait marqué mon arrivée. Je jetai un regard curieux sur tout ce qui m'entourait, et je demandai au misérable qui m'avait servi de guide quelle était la personne chez qui nous étions.

— C'est chez madame Dorbern, me répondit-il.

— Quelle est cette dame ?
— Eh pardieu ! c'est une dame.
— Mais qui est-elle ? que fait-elle ?
— Elle est riche.
— Ah ! Demeure-t-elle seule dans cette maison ?
— Vous avez bien vu qu'il y a quelqu'un avec elle.

En demandant si madame Dorbern était seule, j'entendais m'informer si elle n'avait près d'elle que des domestiques. Le pauvre habitant des Huttes n'avait pas compris que dans le monde on ne compte les serviteurs pour personne. Je lui précisai ma question, et il me répondit :

— Il y a encore Joseph, le jardinier.
— C'est tout ?
— Tout.

Cependant j'entendais marcher activement au dessus de ma tête. J'étais fort gêné de ma présence dans cette maison. Je craignais d'y être un embarras, et je redoutais en même temps de manquer à toute convenance en restant l'hôte oisif de cette femme qui se mourait... Je m'étais décidé à monter pour offrir au moins mes services à la servante qui m'avait introduit, lorsqu'elle entra dans la cuisine :

— Madame désire vous parler, me dit-elle aussitôt.

Je la suivis et j'arrivai dans la chambre de la malade. Elle était dans une grande bergère ; elle me fit signe d'approcher et de m'asseoir auprès d'elle. Sa voix était si faible que, malgré le silence absolu de cette demeure, j'avais peine à l'entendre.

— Pourriez-vous me dire, monsieur, qui vous êtes, et quel est le hasard qui vous a amené chez moi ?

Je l'informai de mon état et de ma maladresse.

— Ainsi, reprit-elle, vous êtes tout à fait étranger à ce pays ?
— Tout à fait.
— Vous n'y connaissez personne ?
— Personne.
— Voulez-vous me rendre un service ?
— Quel qu'il soit, je m'y engage.
— Voici une lettre... Je voudrais qu'elle fût remise dans les mains mêmes de la personne à qui elle est adressée.
— Je la lui remettrai, madame.
— Ou vous la lui ferez remettre, car c'est à Paris que cette personne demeure.
— J'ai longtemps habité Paris ; quoique employé du gouvernement, j'y fais de courts mais nombreux voyages. Je remettrai cette lettre moi-même.

A peine avais-je fini cette phrase que la malade me regarda avec crainte et tendit la main pour reprendre sa lettre.

— Ah ! vous avez longtemps habité Paris...

Et comme je jetais les yeux sur la suscription de la lettre qu'elle m'avait remise, elle s'écria vivement :

— Ne lisez pas ce nom...

Je lui rendis la lettre qu'elle regarda avec une vive expression de désespoir, puis elle murmura doucement :

— Allons, encore ce sacrifice à son repos.

J'arrêtai la malade au moment où elle allait jeter sa lettre au feu :

— Si la remise de cette lettre est pour vous de quelque importance, si elle doit satisfaire le moindre désir de votre cœur, croyez, madame, qu'à l'exception de ce nom qu'il faudra bien que je sache, je m'engage à ne point chercher à connaître aucune des choses qui peuvent vous concerner. Je prendrai cet écrit, j'irai chez la personne à qui il est adressé, et, s'il le faut, je le lui remettrai sans lui expliquer comment je l'ai reçu de vous.

Elle me rendit la lettre et me répondit :

— Tout ce que je vous demande, c'est de ne dire à qui que ce soit au monde que je vous ai remis cette lettre. Du reste agissez comme il vous plaira, pourvu qu'il ait cette lettre. Dieu me pardonnera cette faiblesse après tant d'épreuves.

A peine elle achevait qu'on frappa de nouveau à la porte extérieure de la cour. C'était le médecin, un homme petit, trapu, crépu, le front bas, le teint rouge. En entrant il s'écria assez brusquement :

— Joseph m'a dit que vous étiez descendue dans le jardin malgré mon ordonnance, et voilà que je vous trouve encore levée : vous aidez la maladie à vous tuer.

— Elle y a pourtant mis beaucoup de temps, dit la malade, avec une froide amertume.

— Ce n'est pas ma faute, dit le docteur, si mes soins n'ont pas été plus efficaces.

— Je ne vous en remercie pas moins, et j'espère que vous les trouverez aussi bien récompensés que ma misère peut me le permettre... Voilà un mot pour monsieur P... Je suis charmée qu'on ne l'ait pas averti de mon état, et qu'on ne l'ait pas dérangé.

— Cela lui eût été difficile, et nous allions nous mettre à table, quand Joseph est entré comme un fou dans le salon.

Je ne puis dire l'expression de désespoir qui se peignit sur le visage de la malheureuse femme.

— L'on vous attend sans doute avec impatience, répondit-elle. Allez, docteur... allez, je n'ai besoin de personne... je ne veux troubler les plaisirs de personne.

Le docteur insista pour rester.

— Laissez-moi seule un moment avec monsieur. Je vous rappellerai quand il sera temps.

Le médecin sortit.

— Oh non ! s'écria madame Dorbern avec des sanglots qui éclatèrent alors avec force... pas même le sien, à lui... Rendez-moi cette lettre...

Et comme je voulais la lui refuser, elle se leva avec énergie.

— Rendez-la moi, vous dis-je, rendez-la moi...

Elle me la prit des mains et allait la déchirer, lorsque la force lui manquant tout à coup, elle retomba sur son fauteuil en s'écriant :

— Mon Dieu ! mon Dieu ! secourez-moi ! tuez-moi !

Presque aussitôt elle fut prise de vives convulsions pendant lesquelles la lettre qu'elle tenait lui échappa. Je la ramassai pour que personne ne la vît, et j'appelai le médecin. Les convulsions de la malade diminuèrent peu à peu ; elles s'affaiblirent avec ses forces, et le dernier souffle de sa vie s'échappa avec le tressaillement de son cœur.

Le désespoir des deux domestiques fut violent et vrai ; le médecin examina froidement ce corps décharné par la maladie.

— Nous n'avons plus rien à faire ici, me dit-il ; je vous offre de vous mener à Villaines ; vous monterez sur mon cheval en croupe derrière moi. C'est une bonne bête qui m'a coûté huit cents francs, et qui nous portera au bourg en vingt minutes ; car, d'après ce que m'a dit la servante, vous devez être monsieur...

— D'où savez-vous mon nom ?

— N'avez-vous pas annoncé à monsieur P..., le maire de la commune de Villaines, votre arrivée pour aujourd'hui ; il vous a attendu toute la journée ; votre chambre est prête... Allons, partons vite, et nous pourrons arriver avant la fin du souper.

Je n'avais rien de mieux à faire, et j'acceptai, malgré le dégoût que m'inspirait l'insensibilité de cet homme. Nous partîmes. Chemin faisant, il m'apprit que ce monsieur P..., chez qui nous nous rendions, était un ami de madame Dorbern.

— Il l'a sans doute connue à Paris, me dit-il, et sans doute aussi il sait son histoire ; car l'histoire de qui monsieur P... ne sait-il pas ?

— C'était donc un homme très répandu dans le monde ?

— C'était mieux que cela, il était chef de division de la police sous l'Empire ; quand la Restauration est venue, s'est retiré dans son village, d'où il était parti pauvre et où il est rentré riche. Comme il sait plus de choses qu'il ne voudrait lui-même, il tâche de se faire oublier ; il flatte le curé, il achète des portraits du roi pour les donner aux paysans, il protège les Ignorantins, et comme il est le seul propriétaire du pays qui s'entende un peu aux affaires, on l'a nommé maire. Du reste, il mourra d'apoplexie, car maintenant, pourvu qu'il mange et qu'il boive, il est content. Il a fait venir une cuisinière de Paris. Il boit du vin de Bordeaux à son ordinaire. C'est une table de prince. La seule chose que je n'aime pas, c'est qu'il fait faire des fritures à l'huile.

Le docteur continua sur ce ton pendant toute la route, qui, du reste, ne fut pas longue, grâce à la vigueur de son cheval. Cependant j'eus le temps d'apprendre qu'il devait encore quatre cents francs du prix de sa monture, et que la somme que madame Dorbern lui avait laissée arriverait fort à propos pour satisfaire au paiement d'un billet qu'il avait souscrit à cette occasion. Il termina cette confidence en disant :

— Ma foi ! si elle n'était pas morte aujourd'hui, j'aurais été obligé de lui demander demain le règlement de mes honoraires. Heureusement, je n'y ai pas été forcé..

Heureusement nous arrivions dans la cour de monsieur P..., au moment où le médecin achevait cette abominable phrase, car je me serais jeté à bas de son cheval, comme je le fis, eussions-nous été au milieu de la lande et m'eût-il fallu y passer la nuit.

Il ne s'aperçut que de ma vivacité, et s'écria en descendant lentement de la selle :

— Hé ! hé ! vous êtes leste, monsieur... mais vous êtes jeune... l'âge ne vous a pas rendu les membres raides et les mouvements difficiles.

Comme je me demandais si ce n'était pas l'âge qui avait aussi rendu si sec et si froid le cœur de cet homme, un domestique qui avait repris les rênes du cheval lui répondit en ricanant :

— Pardine ! vous n'avez jamais été bien ingambe, monsieur le docteur.

J'en conclus qu'il se pouvait fort bien qu'il n'eût jamais été sensible.

Aussitôt on nous introduisit dans la salle à manger ; elle était meublée avec un grand luxe, éclairée par une lampe pendue au plafond. La table était admirablement servie en cristaux et en argenterie. C'était encore une anomalie avec le pays.

Il y avait dix personnes, dont trois femmes, assises à ce riche couvert, se servant avec des mains rouges de cuillers de vermeil d'un travail exquis, et essuyant des trognes hâlées avec du linge de Flandre de la dernière richesse. Le maître de la maison, on le reconnaissait rien qu'à ses ongles propres, se leva dès que nous entrâmes, et dit à mon compagnon :

— Eh bien ! docteur ?

— Eh bien ! elle est morte, répondit celui-ci en prenant place à la table et en enfonçant son couteau jusqu'au manche dans un jambon posé devant lui.

— Morte ! s'écria monsieur P... en se rasseyant et en frappant son verre sur la table avec tant de violence qu'il le brisa. Puis il s'accouda, cacha sa tête dans ses mains et resta un moment immobile. J'étais presque embarrassé de ma personne ; car chacun se regardait en chuchotant. M. P... sortit tout à coup de sa méditation, en s'écriant :

— Elle est morte..., tant mieux, car il vaudrait mieux pour elle qu'elle ne fût pas née.

En parlant ainsi, il m'aperçut et me dit :

— Vous devez être monsieur...

— C'est vrai.

— Je n'aurais pas su que vous deviez venir, que je vous aurais reconnu au portrait qu'on m'a fait de vous.

— Qui donc ?

— Monsieur que voilà, me répondit monsieur P... en me montrant un homme qui dévorait.

Je reconnus le percepteur que j'avais vu dans nos bureaux, et monsieur P... continua en me faisant asseoir à la table et en me servant :

— Mais comment se fait-il que vous soyez arrivé si tard ?

Je lui en dis la raison ; je lui racontai comment je m'étais égaré. Il se toucha le front et agita sa main au-dessus de sa tête.

— Cerveau de poëte ! on ne marche pas droit avec cela. Puis il se mit à réfléchir et reprit :
— Ainsi, vous avez vu mourir cette malheureuse Félicie ?
— Hélas ! oui, monsieur !
— Eh bien ! maintenant qu'elle est morte, dit une femme assez jolie qui était près de moi, nous direz-vous qui elle est ? Son secret ne la compromettra pas maintenant.
— Demain, dit monsieur P..., il faudra que j'écrive son véritable nom sur le registre de l'état civil, et son nom c'est tout son secret.
— Et comment s'appelait-elle ? reprit une des dames présentes.
— Elle s'appelait madame de Norbert, dit monsieur P... en me regardant.
Ce nom m'était parfaitement inconnu, et ne l'était pas moins, à ce qu'il paraît, aux autres auditeurs de monsieur P...
— Son nom ne nous apprend rien, dit la jolie femme qui avait parlé la première. Que savons-nous de plus ? qu'elle s'appelle madame de Norbert et non pas madame Dorbern, voilà tout. C'est ce qu'elle a été autrefois qui nous intéresse.
M. P... jeta un regard légèrement dédaigneux sur les personnes qui étaient à table.
— Je crois, reprit-il, que cela vous intéresserait peu. Il y a des douleurs trop hautes pour certaines intelligences.
— Eh bien ! vous nous faites là un joli compliment, repartit la dame ; puis elle ajouta d'un ton piqué : Vous avez beaucoup connu madame Dorbern ou de Norbert autrefois. Je vous sais trop galant homme pour m'étonner de votre discrétion sur son compte.
M. P... haussa les épaules.
— Ta, ta, ta, fit la dame, il s'en est passé entre vous plus que vous n'en voulez dire, et votre intimité m'a bien l'air de s'être renouée dans ce que vous appeliez l'un et l'autre votre exil.
— Ecoutez, madame, reprit monsieur P... sérieusement ; ce n'est pas la première fois que vous portez cette accusation. Si elle devait rester enfermée dans ce village, je n'y répondrais pas ; mais vous n'êtes pas pour quelques mois dans ce pays... Bientôt vous retournerez à Paris ; je ne veux pas, je ne dois pas permettre qu'un bruit injurieux, si invraisemblable qu'il soit, s'élève sur la tombe de cette femme. Je vais vous dire son histoire.
— Ah ! enfin ! dit la dame.
— C'est pour vous que je parle, dit monsieur P... en adressant à cette dame une moue assez significative pour que je comprisse qu'il comptait les autres auditeurs pour autant d'automates insensibles.
Je me levai pour me retirer.
— Restez, me dit monsieur P... Il ne sera pas dit que vous aurez assisté au dénouement de cette vie de douleur sans savoir ce qui l'a précédé. Mon exclusion ne vous regardait pas.
Je demeurai, oubliant que j'avais promis de ne pas chercher à savoir quelle était cette femme, et voici ce que monsieur P... nous raconta.

Félicie de Lafernie s'était mariée en 1806 à monsieur de Norbert. Elle avait alors vingt ans. Monsieur de Norbert en avait trente-cinq. Le père de Félicie était un ancien conseiller au parlement de Bordeaux. Pendant les mauvais jours de la Révolution il s'était retiré dans une maison de campagne aux environs de la ville. Là il avait élevé sa fille dans des sentiments de saine religion et dans la soumission à tous les devoirs. Il lui avait enseigné le respect de la famille, sentiment vénérable et conservateur des bonnes mœurs, lien puissant qui, en rendant chacun des membres d'une maison solidaire des fautes des autres, impose souvent un frein salutaire à ces esprits ardens, qui reculent pas devant le mal quand il ne peut compromettre qu'eux-mêmes, mais à qui souvent la conscience même de leur force interdit généreusement d'entraîner quelqu'un dans leur chute. Monsieur de Lafernie fut rappelé à Bordeaux lors de la formation des cours impériales pour y remplir l'une des plus hautes fonctions de la magistrature ; il fut nommé président de chambre. Ce fut à cette époque qu'il produisit Félicie dans le monde et qu'elle y rencontra monsieur de Norbert.

Tout au contraire de cette jeune fille, monsieur de Norbert était un homme qui devait à son éducation et aux événemens de sa vie des sentiments d'individualisme très prononcés. Cinquième fils d'un petit propriétaire de Toulouse qui avait sept enfans, il devait l'instruction qu'il avait reçue dans le collège de cette ville à la bienfaisance d'un parent assez éloigné : monsieur de Norbert le père n'ayant pas une fortune suffisante pour pourvoir à l'établissement de toute sa famille, chacun de ses membres avait dû se charger du soin de parvenir par lui-même. Monsieur de Norbert le père mourut en 1789, et la Révolution dispersa entièrement ses enfans ; les uns prirent parti pour la Royauté, les autres pour la Révolution. Parmi ceux-ci, qui furent les plus nombreux, deux de sept frères se firent soldats, un autre entra dans l'administration des armées, un autre encore embrassa la carrière du commerce et alla s'établir à Marseille.

Ainsi chacun, après avoir reçu la part assez exiguë de l'héritage paternel, ne se confia qu'en lui-même pour faire son chemin ; tous réussirent assez bien, mais aucun ne demanda ni ne reçut le moindre secours de l'un de ses frères. Lucien de Norbert seul demeura à Toulouse et se livra au barreau ; la nature l'avait doué d'une rare facilité d'élocution, et de la qualité encore plus rare pour un avocat de feindre les plus vives émotions de la parole ; il savait épouvanter et attendrir ses auditeurs ; mais à l'instant même où il s'asseyait, au milieu des larmes ou du saisissement des juges, il jetait dans l'oreille de ses voisins une plaisanterie dédaigneuse sur l'effet qu'il venait de produire. Esprit sceptique et railleur, imbu de la philosophie matérialiste de quelques tristes esprits du dix-huitième siècle, devant à son talent seul une une brillante réputation et une fortune honorable, Lucien de Norbert était ce qu'on pourrait appeler un honnête homme social, mais il était complétement étranger à tous les sentiments qui prennent leur source dans une foi quelconque. Cette sublime institution de la charité chrétienne, qui ramasse, pour les nourrir, les vieillards infirmes et les enfans abandonnés, lui semblait être seulement un sage règlement de police, et s'il avait fallu aller chercher les élémens de sa probité dans leurs intimes profondeurs, on eût pu comprendre que cette vertu n'était pas en lui le résultat d'un sentiment moral inhérent à sa nature, mais qu'elle était basée sur le respect des droits et des obligations nécessaires au maintien de l'ordre social.

Du reste, il n'est pas facile de faire comprendre ce caractère, bien que de nos jours il soit devenu très commun. Tout n'est pas calcul matériel dans la conduite de pareils hommes ; ils ne sont pas ce qu'ils sont par l'effort de leur seule volonté ; et le plus souvent, au moment où ils vantent leur indépendance de tout préjugé, ils sont les esclaves obéissans de certaines idées qui ne leur appartiennent pas en propre, et que l'habitude leur a inculquées à leur insu. Ce ne sont pas là les faux prophètes qui les premiers ont semé sur la terre les maximes arides de l'irréligion et de l'individualisme, mais ce sont les adeptes nourris de ces maximes, qui les mettent en pratique sans en prévoir les conséquences.

Tel était du moins Lucien de Norbert. L'éclat de son talent et la bonne position où il se trouvait le firent appeler d'abord au parquet de la cour impériale de Toulouse, et, en 1805, il passa comme premier avocat général à la cour de Bordeaux. Les relations que les affaires établirent de prime-abord entre monsieur de Lafernie et de Norbert devinrent bientôt plus suivies. Madame de Lafernie était morte depuis quelques années, et monsieur de Lafernie était d'une santé assez faible pour qu'il désirât assurer le sort de sa fille. Trop de convenances se réunissaient en faveur d'une alliance entre mademoiselle de Lafernie et monsieur de Norbert pour que le projet de les marier n'entrât pas facilement dans l'esprit de quelques entremetteurs officieux, et pour qu'il ne fût pas accueilli avec facilité par le vieux président. Peut-être que si ce mariage eût tardé à s'accomplir, monsieur de Lafernie l'eût repoussé. Le temps lui eût sans doute appris à mieux connaître le fond du cœur et de l'esprit de Lucien, et il eût jugé probablement que ce cœur égoïste et cet esprit sans foi ne pourraient convenir à une âme toute de dévoûment et à une pensée qui portait de la piété dans tous ses rêves. Mais monsieur de Lafernie n'eut pas le loisir d'apprécier l'homme intime ; il ne jugea que l'avocat général ; et, en l'entendant plaider chaque jour avec la plus chaleureuse exaltation les intérêts les plus élevés de la morale et de la vertu, il s'imagina que le magistrat obéissait à une conviction profonde et vraie, et non pas à un devoir habilement rempli.

Ce qui avait échappé à l'expérience d'un vieillard habitué à juger les hommes, devait à plus juste titre rester un secret pour une jeune fille dont rien n'avait jusque-là alarmé la confiance, cette sœur de la foi. D'ailleurs, aux brillantes qualités de son esprit, monsieur de Norbert joignait une rare distinction personnelle : son visage comme sa voix se passionnait lorsqu'il parlait, et Félicie put croire à un amour qui lui fut exprimé avec une chaleur entraînante. Il faut dire aussi qu'à part toutes les bonnes raisons de fortune et de position qui poussaient monsieur de Norbert à ce mariage, il n'était pas resté indifférent aux grâces naïves, à la douceur calme et virginale de mademoiselle de Lafernie, et qu'il aima Félicie.

Ce ne fut pas assurément de cet amour profond qui rend notre existence dépendante de celle d'une femme, qui fait vivre notre âme dans la sienne, et nous soumet à ses joies et à ses douleurs, comme si le principe de notre vie n'était plus en nous, mais en elle ; il l'aima de cet amour raisonnable ou plutôt raisonné, fondé sur l'estime qu'on éprouve pour les plus pures qualités et sur l'attrait qu'inspire aisément une beauté jeune, éclatante et modeste. Félicie était pour monsieur de Norbert une femme dont il pouvait être fier de toutes façons et dont il ne devait rien avoir à redouter. Ce mariage s'accomplit donc, et quelque temps après sa célébration, monsieur de Lafernie mourut, bien persuadé qu'il avait assuré le bonheur de sa fille. A cette époque, elle-même n'eût pu le dissuader ; car elle n'était pas femme à se dire malheureuse parce qu'elle se sentait manquer d'un bonheur qu'elle n'eût pu définir. D'ailleurs, l'éducation sérieuse qu'elle avait reçue ne lui eût pas permis d'élever une accusation qui n'aurait eu pour base qu'un sentiment pénible de gêne et de crainte en présence de son mari. Rien de ce qu'elle pouvait connaître de la félicité humaine ne lui manquait. Elle portait un nom honorable et honoré. Les soins de Lucien pour elle étaient toujours également attentifs ; les plaisirs que peu donner une fortune considérable, sagement mais généreusement dépensée, abondaient autour d'elle ; et cependant elle était triste. Madame de Norbert était la femme de monsieur de Norbert, mais à vrai dire elle n'était pas sa compagne. Il riait d'elle quand elle s'intéressait avec trop d'ardeur à ses succès ; jamais il ne lui en rapportait la moindre part. Si quelquefois il laissait échapper devant elle le secret de ses espérances ambitieuses, il la raillait de la voir s'élancer avec fougue dans une carrière de rêves glorieux qu'elle faisait pour lui. Si elle le félicitait sur le noble emploi qu'il avait fait de son talent en faveur d'une juste cause, il ne s'unissait pas à l'émotion de joie qu'elle éprouvait pour les infortunes qu'il avait protégées ; mais il lui répondait avec ardeur : « Oh ! j'arriverai ! j'arriverai ! »

Monsieur de Norbert n'était pas homme à reprocher à sa femme son assiduité à remplir ses devoirs religieux ; mais elle comprenait aisément que c'était plutôt chez lui une tolérance indifférente qu'une approbation sympathique de ses sentiments. Il ne discutait pas contre elle les vérités de la religion, mais il les discutait devant elle avec un dédain et une ironie qui la blessaient profondément. Dans le petit nombre d'occasions où elle essaya d'opposer la sincérité de sa croyance aux arguties de son mari, il lui représenta avec douceur que ce n'était pas à elle qu'il s'adressait ; qu'il ne voulait en rien altérer une foi qu'il regardait comme un bonheur pour ceux qui la possédaient, mais que laissant à chacun la liberté de ses opinions, il demandait l'indépendance des siennes.

Tout cela fut dit avec l'accent benin d'une condescendance souveraine pour les erreurs d'un esprit ignorant. Il semblait qu'en pareille circonstance Lucien en agît avec sa femme comme un père indulgent envers un enfant importun qui vient se mêler à un grave entretien et qu'on écarte doucement de la main en lui disant : Allons, mon ami, va jouer ailleurs.

Félicie n'était pas humiliée de ce dédain, mais elle en était alarmée. Si, sur ce sujet comme sur beaucoup d'autres, il s'était établi des discussions réelles entre monsieur de Norbert et sa femme, peut-être celle-ci, comme il arrive souvent, eût-elle trouvé dans les besoins de l'argumentation des raisons qui, impuissantes à persuader son mari, lui fussent cependant venues en aide à elle-même pour la rassurer dans sa foi. Mais il n'en fut pas ainsi ; on lui laissait ses croyances, ainsi que je l'ai dit, comme un jouet à un enfant, et elle en était arrivée à se demander si ce n'était pas véritablement un jouet. Il y a des esprits timides et complaisans, et surtout parmi les femmes douces, qui acceptent sans murmurer cette distinction qui prétend qu'il y a des opinions bonnes pour certaines personnes, et insuffisantes pour d'autres, et c'est à celles-là qu'on dit sans qu'elles s'en étonnent : — Il est bon que les femmes et les enfans aient de la religion et croient à quelque chose, mais nous autres hommes nous devons nous affranchir de ces préjugés.

Malheureusement pour elle, Félicie avait une raison trop droite et trop ferme pour admettre ces grossières transactions si communes dans notre époque ; il lui semblait, ou que ce qui était la vérité pour elle devait être aussi la vérité pour son mari, ou qu'elle ne devait pas rester plus longtemps dans une ignorance dont il s'était affranchi. Les mauvais principes prêchés par de malhonnêtes gens ne sont pas les plus dangereux ; ce sont ceux surtout que prônent les hommes égarés dans leur cœur, mais irréprochables dans leur conduite qui ont les résultats les plus pernicieux. Aussi Félicie n'osait reprocher à son mari les opinions qu'il professait quand il n'y avait pas un seul acte de sa vie qui méritât le blâme. Elle en vint donc à douter d'elle-même plutôt que de lui. Elle essaya d'entrer dans son incrédulité ; mais celle de monsieur de Norbert était trop large pour que l'âme de Félicie ne reculât pas avant de s'engager dans ce vaste désert. En outre de l'origine céleste des sentiments religieux, l'avocat général niait l'origine intime de tous les sentiments affectueux ; ils étaient tous, selon lui, le résultat d'un besoin personnel ou d'une satisfaction propre.

En face de ce philosophisme désolant, Félicie ferma les yeux et se retira en elle-même. Dès ce moment elle fut moralement séparée de son mari. Leur vie apparente était la même qu'aux premiers jours de leur mariage, mais ils ne se sentaient plus ensemble. La vie extérieure leur était encore agréable à tous deux, mais ils n'avaient plus de vie intime. A part les affaires matérielles de leur maison, ils n'avaient plus rien à se dire quand ils étaient seuls. Leur âme ne parlait pas la même langue.

Monsieur de Norbert ne sentait pas cette séparation, espérant tout de lui seul, rapportant tout à lui seul, rien ne l'avertissait que quelqu'un s'était retiré de lui. Il n'en était pas de même de Félicie. Habituée à vivre sur les genoux de sa mère, sur le bras de son père, elle se trouva soudainement isolée, sans soutien et sans guide. Les sains principes de morale cultivés en elle l'empêchèrent de s'égarer, mais ne purent lui cacher qu'elle marchait seule dans sa route. Persuadée qu'elle aimait son mari, parce qu'elle s'intéressait à tout ce qui lui arrivait de bon ou de mauvais, elle avait cependant quelquefois de vagues insincts d'un autre amour qu'elle n'éprouvait pas, mais qu'elle eût pu éprouver.

Plusieurs années se passèrent avant qu'elle arrivât à ce résultat caché ; aux yeux du monde elle était toujours la femme la plus affectionnée et la plus vertueuse : personne n'eût osé supposer que ce cœur si calme pouvait être facilement troublé, que cette existence si sereine était rongée par une lente déception.

On était déjà en 1812, lorsqu'arriva à Bordeaux le véritable héros de cette histoire, le jeune Georges de Labardès.

A ce nom si connu, nous nous récriâmes tous, excepté le docteur qui ronflait dans un coin. Monsieur P... imposa silence à nos observations d'un signe de main, et continua ainsi :

— C'était, comme Félicie, le fils d'un ancien magistrat du parlement ; mais monsieur de Labardès le père n'avait point fait comme monsieur de Lafernie, il avait refusé toutes les avances du pouvoir impérial, et était demeuré fidèle à son amour pour les Bourbons exilés. Ce qu'il avait fait pour lui, il le fit pour son fils, et à une époque où la carrière administrative et la carrière des armes conduisaient si rapidement à une haute position, monsieur de Labardès destina son fils au barreau et l'envoya faire son droit à Paris. Celui-ci y fut d'abord, de la part de l'autorité, l'objet d'une surveillance particulière à cause de ses relations avec toutes les personnes un peu considérables qui partageaient ses opinions. Mais au bout de quelque temps cette surveillance fut jugée inutile. Georges était tout simplement un jeune homme très dissipé, très amoureux du plaisir, le cherchant avec même ardeur dans les salons, où il était admis, et dans les réunions de bas étage, où les étudiants vont trop souvent chercher des distractions à des études qu'ils ne font pas. Georges se rendit célèbre dans l'école par le nombre de ses maîtresses et par quelques duels particulièrement soutenus avec avantage contre plusieurs spadassins de régiment. Doué de cette faculté assez rare d'être facilement l'homme du monde dans lequel il se trouvait, il eut aussi quelques succès dans les élégans salons où il était reçu ; et le dernier de ses succès compromit assez gravement une femme d'un nom très distingué pour que monsieur de Labardès se décidât à rappeler son fils près de lui. Son arrivée à Bordeaux fut marquée par des esclandres assez nombreuses. Sa réputation de mauvais sujet et de duelliste l'y avait précédé. C'en fut assez pour que quelques mauvaises têtes du régiment qui tenait garnison au château Trompette voulussent lui donner une leçon. La première fois que Georges parut au spectacle, on lui disputa sa place, sans autre raison que de la lui disputer ; il était trop bien appris à ce sot métier, pour n'avoir pas deviné tout de suite où on en voulait venir ; mais il voulut que l'affaire qu'on lui suscitait eût plus d'éclat que ne comptaient en faire ses adversaires. Il céda à la première impertinence, et se retira de la place qu'il avait d'abord prise. Le succès enhardit les jeunes écervelés qui s'étaient promis de tâter le beau Labardès, comme on l'appelait. On recommença, et on le chassa encore de la place où il s'était réfugié. Cette première réussite calma l'ardeur des premiers arrivans ; mais lorsque quelques autres officiers parurent, on leur raconta tout haut la couardise de Georges ; et ceux-ci, pour s'en assurer, recommencèrent le jeu deux fois encore. Georges se retira ainsi devant les impertinentes exigences de quatre officiers. Une grande partie de la salle était attentive à ces petites scènes qui se passaient au balcon des premières loges, et la longanimité de Georges était déjà le sujet de commentaires très fâcheux, lorsqu'un grand lieutenant de grenadiers, espèce de fier-à-bras, qui se vantait d'avoir tué une douzaine de pékins, entra en disant :

— Qu'est-ce qui se bat ici ?
— Personne, lui répondit-on... il n'y a pas eu moyen.
— Bah ! fit le lieutenant en se retournant vers Georges ; il ne veut pas ?
— Non.

— C'est que vous ne lui avez pas bien demandé. Vous allez voir...

Tous les officiers se levèrent, on se retourna de tous côtés ; le lieutenant s'approcha de Georges et lui dit, après une profonde salutation :

— Monsieur, je dois vous prévenir que nous ne permettons qu'aux gens qui nous conviennent de venir s'asseoir aux mêmes places que nous : en conséquence, je dois vous dire que votre figure me déplaisant souverainement, je vous prie de vouloir bien *décamper* tout de suite.

Georges se leva et, saluant ce monsieur, il répondit froidement :

— Il n'y a pas moyen de reculer plus longtemps. J'espérais pouvoir faire ma semaine, mais je compte que vous et vos amis serez assez obligeans pour la compléter.

— Que veut dire monsieur ? dit l'officier en levant la main comme pour donner une chiquenaude à Georges.

Le regard que celui-ci lui lança l'arrêta. Georges mit lentement son chapeau, boutonna son habit jusqu'au menton, retroussa ses manches, ôta son gant, et passant devant le grand officier en lui disant poliment :

— Pardon, je suis à vous tout à l'heure,

Il s'avança vers celui des officiers qui avait commencé la scène :

— N'est-ce pas vous, monsieur, lui dit-il, qui m'avez le premier chassé de ma place ?
— Oui, c'est moi.
— Très bien ! dit Georges.

Et en prononçant ce mot, il donna un vigoureux soufflet à l'officier.

— Monsieur, vous me rendrez raison, s'écria celui-ci.
— C'est mon intention, dit Georges en l'interrompant, ce sera pour demain. Pardon, je n'ai pas fini.

Puis il se tourna vers un autre officier, et lui dit encore :

— N'est-ce pas vous qui, le second...

Celui-ci ne lui laissa pas le temps de continuer, il lui dit :

— Quand vous voudrez.

Georges le frappa encore au visage, et lui dit :

— Ce sera pour après-demain...

Et il se tourna froidement vers le troisième.

— Prenez garde à ce que vous allez faire, dit celui-ci ; si vous me touchez, je vous passe mon épée au travers du corps.

— Vrai ? lui dit Georges, vous insultez les gens et vous menacez de les assassiner... Vous êtes un triste officier... l'épaulette ne vous va pas.

Et il lui arracha son épaulette et la jeta dans le parterre.

Tout à coup ce fut un horrible tumulte dans la loge, des épées brillèrent, mais des cris partis de tous les coins de la salle, et disant : — A bas les assassins ! à bas les assassins ! arrêtèrent les officiers. Ils se tournèrent vers le parterre qui bondissait et y jetèrent leurs gants ; Georges était demeuré impassible. Plusieurs jeunes gens des plus turbulens de Bordeaux, de ceux qui eussent insulté Georges si les officiers n'eussent commencé, se précipitèrent dans la loge en criant :

— Nous serons vos seconds !

Le reste des officiers répandus dans la salle, même les plus paisibles, se levèrent à cette provocation. Mais Georges se contenta de répondre à ses nouveaux amis :

— Après moi s'il en reste, messieurs.

Le commissaire de police parut alors, et tous les jeunes gens et officiers quittèrent la salle ; et les rendez-vous furent pris pour le lendemain.

Madame de Norbert assistait à cette représentation, et de sa loge, située à quelques pas de l'endroit où la scène s'était passée, elle avait pu l'observer avec curiosité jusqu'au moment où elle fut épouvantée de la tournure qu'elle prit. Souvent elle avait entendu parler de monsieur Georges de Labardès comme d'un fou livré à tous les vices et à toutes les mauvaises passions, quoique doué des plus heureuses dispositions pour faire un homme distingué. L'entretien des deux personnes placées près d'elle l'avait instruite par avance des dispositions des officiers à l'égard de Georges, de façon qu'elle avait suivi avec plus d'anxiété qu'un autre tout le commencement de cette scène où Georges s'était montré si plein de longanimité. En le voyant reculer si paisiblement devant une insulte si persévérante, le cœur de Félicie s'était pris de pitié pour ce jeune homme qui souffrait si patiemment une conduite si brutale à son égard; et plusieurs fois elle avait dit à son mari :

— Est-ce qu'il ne se trouvera pas un homme d'honneur qui mette un terme à cette ignoble provocation.

— Laissez, laissez, dit monsieur de Norbert, c'est un petit monsieur plus rodomont que brave, qui a besoin d'une leçon.

Cette indifférence parut cruelle à madame de Norbert, et un sentiment presque inouï dans une âme si pieuse s'éleva en elle lorsqu'elle vit Georges se relever et venger avec une si grande énergie l'injure publique qui lui avait été faite. Ce sentiment s'effaça rapidement devant l'épouvante que causèrent à Félicie les actes violens de cette vengeance, mais il fit un moment tressaillir son cœur; un moment il intéressa madame de Norbert, la femme douce, pieuse et sans tache, à la cause d'un homme renommé par ses excès et presque par ses vices.

Deux des rencontres qui avaient été arrangées la veille eurent lieu; elles furent toutes deux fatales aux officiers qui les soutinrent, et qui furent assez grièvement blessés. L'autorité militaire et l'autorité administrative crurent devoir mettre un terme à des affaires qui menaçaient de devenir plus générales. Les officiers furent mis aux arrêts, et Georges fut averti qu'à la moindre tentative de duel il serait arrêté et provisoirement détenu. Celui-ci répondit qu'il se trouvait entièrement satisfait, et que, quant à lui, il ne désirait nullement aller plus loin. Mais celui des officiers à qui il avait arraché son épaulette ne pouvait penser de même, et quelques jours après il fit prévenir Georges qu'il avait envoyé sa démission au général, et qu'il l'attendait le lendemain sur les grèves de Cubzac. Mais la surveillance exercée sur les deux antagonistes prévint une nouvelle catastrophe, et tous deux furent arrêtés et amenés devant le préfet et le général commandant la division. Si les témoins choisis par les deux antagonistes avaient laissé l'affaire dans les bornes d'une querelle de spectacle, probablement un arrangement eût pu intervenir. Dès l'abord, Georges y était fort disposé. Il comprenait que le succès de ses deux premiers duels pouvait donner à croire qu'il faisait plus de fond sur son adresse à manier les armes qu'il ne convient à un homme de cœur. Aussi lorsqu'il fut introduit dans un des salons de la préfecture, où se trouvait déjà son adversaire, accompagné de deux de ses camarades, il s'avança vers lui.

— Monsieur, lui dit-il, l'insulte que vous m'avez faite a été suffisamment effacée par deux rencontres malheureuses. Je pense que vous n'avez plus à douter de mon courage. Celle que je vous ai faite est un malheur que je déplore, puisqu'elle vous a forcé à une démarche qui prouve à tout le monde que vous préférez votre honneur à votre fortune. Si des excuses formelles et publiques peuvent vous satisfaire, je vous les offre bien sincèrement, mais à vous seul; je les offre enfin à l'officier qui abandonne sa carrière pour venger une épaulette qu'il ne porte plus.

L'officier garda un moment le silence, puis il répondit :

— Écoutez-moi, monsieur, et croyez-moi aussi sincère que vous l'êtes; je m'honorerai toute ma vie de la déclaration que vous me faites; elle me suffit à moi, mais elle suffit à moi seul; je dois autre chose à l'uniforme que j'ai porté; que je le reprenne ou le quitte pour jamais, je ne puis pas lui laisser la souillure que vous lui avez faite, et quoi qu'il doive en arriver, nous nous battrons.

Ce jeune homme avait bien jugé l'esprit militaire auquel il était suspendu, car ses témoins s'étaient regardés avec indignation en l'entendant accepter pour lui les témoignages d'estime de son ennemi, et leur opinion à ce sujet ne fut pas douteuse lorsqu'ils se hâtèrent d'ajouter après la réponse de leur camarade :

— Vous avez raison, cette affaire n'est pas arrangeable; car c'est celle de tous les officiers du régiment.

— Et ils trouveront à qui parler, répondit un des témoins de Georges.

C'en était assez pour que des deux côtés on se crût engagé à ne pas faire la moindre concession, et ce fut dans cet esprit que les ennemis parurent devant le général et le préfet. La scène qui eut lieu à cette occasion montra une fois encore cette singulière disposition du caractère français, qui, chez un peuple où la gloire militaire a toujours été le plus admirée, met cependant en hostilité permanente ceux qui suivent la carrière des armes et ceux qui sont restés dans la vie civile.

Le préfet prit la parole le premier; et s'appuyant sur les devoirs d'administrateur et de magistrat, il déclara qu'il ne pouvait permettre que la fureur de quelques jeunes gens portât le désordre dans la ville, allumât des querelles qui plongeaient les plus honorables familles dans de perpétuelles anxiétés; et qu'au nom des lois et du bon ordre il saurait faire cesser des combats contre lesquels s'élevaient les réclamations de tous les habitans honorables de Bordeaux.

Cette allocution, dite avec mesure et dignité, parut faire quelque impression sur Georges et ses témoins, enfans de la ville de Bordeaux, et qui n'avaient pas abjuré tout amour de la cité et de la famille; mais les jeunes militaires l'écoutèrent dans un silence dédaigneux, comme s'ils étaient en dehors de l'autorité qui parlait au nom de la morale et de l'ordre public. Alors le général prit la parole à son tour, et s'adressant à ses subordonnés, il leur déclara que l'empereur faisait très peu d'estime de ces officiers qui se faisaient une renommée de bravoure par le duel; que lui-même il savait par expérience que les plus terribles sur le terrain d'un combat singulier n'étaient pas les plus braves sur un champ de bataille. Puis il ajouta qu'il disait cela pour les jeunes spadassins civils comme pour les spadassins militaires, et que le gouvernement de l'empereur saurait bien réduire à la raison ces petits messieurs qui, après avoir tout fait pour se soustraire à une carrière de gloire et de dangers, se croyaient des héros pour avoir passé leur jeunesse dans des tirs et dans des salles d'armes.

Cette seconde allocution abattit un peu la morgue des militaires, obligés de reconnaître que le général exprimait la véritable opinion de l'empereur sur les duellistes; mais elle rendit aux jeunes gens de Bordeaux leur ressentiment contre cette autorité militaire qu'ils détestaient et se plaisaient à braver. Cette dissidence entre le civil et le militaire était si profonde qu'elle gagna pour ainsi dire les médiateurs. Ainsi Georges répondit que lui et ses amis eussent pu se rendre aux sages remontrances de monsieur le préfet, dans l'intérêt du repos de leur ville natale, mais qu'ils n'accepteraient pas les menaces ni les leçons de courage de monsieur le général. A cette déclaration, celui-ci répartit : — Qu'il se souciait de la ville de Bordeaux et de ses habitans comme d'une vieille tige de botte, mais qu'il saurait bien faire respecter l'autorité souveraine de l'empereur, dont il était le représentant, et qu'il ne laisserait pas égorger ses officiers par des battoirs de semelle.

— Et moi, s'écria le préfet indigné, je ne laisserai pas imposer à la population de Bordeaux l'insultante tyrannie des officiers de la garnison, car il faut bien reconnaître que ce sont eux qui ont eu les premiers torts.

A cette déclaration, le général demeura stupéfait et s'écria dans un accent d'étonnement indicible :

— Comment! monsieur le préfet, vous prenez parti pour des bourgeois contre les officiers de l'empereur?

— Général, l'empereur est le souverain de tous les Français, et sa protection les couvre tous également, bourgeois ou militaires.

Cette théorie gouvernementale dépassait de beaucoup l'intelligence du général, et heureusement il en fut assez surpris pour supposer que le préfet avait un moment perdu le tête en présence d'une lutte sanglante à laquelle se trouvaient mêlés des militaires ; il le quitta donc en lui disant que de son côté il saurait prévenir toute rencontre, parce que telle était sa volonté ; mais qu'il le priait, lui préfet, de réfléchir un peu à la différence qu'il y avait entre des gens qui ne tenaient à rien et auxquels il accordait sa protection, et des officiers au service de l'empereur.

A cette époque, ne pas être dans les fonctions publiques c'était n'être rien, et c'était même n'être que peu de chose qu'être dans les fonctions civiles. Georges, menacé d'être arrêté à la moindre tentative de duel, rentra paisiblement chez lui, et le général qui avait consigné les officiers déclara que le préfet se mettait en hostilité ouverte contre le gouvernement. L'affaire, amenée à ce point, prenait une telle gravité, que les personnes le plus haut placées à Bordeaux s'en alarmèrent, et se résolurent à intervenir, non pas entre Georges et les officiers, mais entre les médiateurs eux-mêmes. Le premier président de la cour impériale, sollicité de faire cesser une pareille discussion, crut devoir délaisser une mission où il sentait que son autorité de juge serait aussi mal venue que celle de l'administrateur à l'encontre de la prétention militaire; et l'on fut obligé d'avoir recours à l'évêque, représentant d'une puissance assez haut placée, ou plutôt assez étrangère aux prétentions des deux partis, pour que le préfet et le général voulussent bien s'y soumettre ou l'écouter sans prévention.

Cette intervention fut efficace. Elle rapprocha des fonctionnaires, qui cachèrent sous la crainte de Dieu la crainte du maître qui pourrait tort bien donner tort au préfet et au général pour n'avoir pas à donner raison à l'un ou à l'autre. Puis il fallut en arriver aux jeunes gens. L'évêque demanda le droit de se charger de cette seconde mission, et il y réussit. Les hommes en général ne sont pas irréligieux parce qu'ils ne *comprennent* pas les grands principes de la morale divine, mais ils le sont parce qu'ils ne les *entendent* pas. Il en est de certains athées comme de certains cœurs, si fermes contre les passions tendres; ils n'échappent au pouvoir de la religion ou des femmes qu'en les évitant. C'est souvent parce qu'on n'est jamais entré dans une église ou dans un boudoir, qu'on reste incrédule à Dieu ou à l'amour.

Il n'en fut pas ainsi pour les jeunes gens qui se trouvèrent forcément soumis à l'influence directe d'une parole sacrée. Armés les uns et les autres dans leur cœur contre tous les argumens qui pouvaient s'appuyer sur des intérêts matériels, ils se trouvèrent sans répliques contre une morale qui planait d'assez haut sur ces intérêts pour qu'ils ne fussent pas humiliés de paraître égaux devant elle. La réconciliation fut noble et franche comme l'esprit qui l'avait inspirée, et les ennemis s'embrassèrent sincèrement. Par une prévoyance qui montrait combien l'évêque appréciait à sa juste valeur la victoire qu'il venait de remporter, il exigea de tous deux la parole d'honneur qu'ils renonçaient à tout combat, quoi qu'on pût leur dire de part et d'autre sur leur condescendance ; et tel était, à vrai dire, le peu de force morale de l'impulsion à laquelle les jeunes gens venaient d'obéir, que les officiers déclarèrent qu'ils se battraient plutôt contre tous leurs camarades que de recommencer la querelle avec les habitans de Bordeaux. Le prélat avait sans doute prévu cette réponse, car il se contenta de sourire et de faire observer à celui qui avait parlé, que ce n'était pas là le but qu'il s'était proposé. Chacun rit de cet enthousiasme, qui n'allait pas moins qu'à accepter une nouvelle guerre en preuve d'un sincère désir de paix, et l'on se sépara après avoir accepté en commun une invitation à dîner chez l'évêque à quelques jours de là.

Cette invitation s'étendit à la plupart des fonctionnaires civils et militaires, et le soir trente jeunes gens et trente officiers allèrent ensemble au spectacle et se montrèrent les uns près des autres. Ils furent accueillis par les applaudissemens du parterre et des loges, et madame de Norbert, qui voyait dans cette réconciliation le triomphe sincère de ses idées religieuses, trouva de très mauvais goût les plaisanteries de son mari lorsqu'il dit en ricanant :

— Je voudrais bien connaître le confesseur de ces messieurs et particulièrement celui de monsieur Georges de Labardès.

Ce fut au point qu'elle lui dit avec un ton de reproche :
— Vous ne croyez à la sincérité de la foi de personne.
— Je crois à la sincérité de la vôtre, dit monsieur de Norbert en souriant ; mais je ne crois pas être injuste en doutant de celle de militaires, beaucoup plus occupés d'exercices à feu que d'exercices de dévotion, et en doutant surtout de la sincérité d'un homme qui n'est renommé jusqu'à présent que par ses désordres et son immoralité ; et je ne crois pas qu'on soit un très bon chrétien avec des dettes, des maîtresses et des duels.

Monsieur de Norbert avait cruellement raison; Félicie le comprit et s'en voulut d'avoir attribué un sentiment véritable de religion à des hommes dont la conduite était si contraire à tous ses préceptes ; elle ne douta pas de son efficacité en pareil cas, mais elle dut croire qu'il y avait au monde un pouvoir qui la remplaçait aisément, et elle dit à son mari :

— Et à quoi attribuez-vous donc cette réconciliation?
— A un retour calme vers la prudence et la raison ; ces messieurs auront senti les uns et les autres que le repos de la société ne peut pas être le jouet de quelques écervelés ; ils auront compris que l'intérêt public est plus fort que toutes leurs haines, et ils se seront tenus pour avertis de ne pas appeler sur eux la sévérité des magistrats.

Félicie reconnut que cela pouvait être vrai ; mais elle le reconnut à regret; elle fut fâchée de ne pouvoir attribuer qu'à un froid calcul de raison une si noble détermination. Etait-ce la cause de la religion qu'elle déplorait de voir perdre des adeptes si peu recommandables? Etait-ce l'esprit enthousiaste qui dormait en elle qui avait rêvé à son insu une chimère qu'il lui fallait abandonner, qui souffrait de cette déception? C'est ce qu'il eût été difficile de deviner dans un caractère qui jusque-là n'avait eu aucune occasion de se montrer.

Malheureusement pour Félicie, elle avait l'habitude de se rendre compte de toutes les sensations qu'elle éprouvait. S'il y a du danger à marcher à l'étourdie dans sa vie, il y en a aussi beaucoup à vouloir mesurer trop exactement les pas qu'on y fait. Entre l'imprudent qui va rapidement sur la crête d'un précipice sans regarder à ses pieds, et l'homme précautionneux qui n'avance qu'avec mesure, la chance est souvent pour l'imprudent. Il y a bien plus de femmes sauvées d'une faute par leur frivolité que par leur vertu, et il vaut mieux oublier certaines pensées que de les combattre. Ainsi Félicie, rentrée chez elle, se demanda la cause de l'intérêt qu'elle avait éprouvé pour ces jeunes gens, et pourquoi parmi tous ces hommes qui lui étaient inconnus, elle s'était intéressée davantage au plus coupable. Elle se répondit à la vérité que le triomphe du sentiment religieux lui eût semblé d'autant plus précieux, qu'il se serait exercé sur un cœur plus corrompu ; mais elle ne fit pas attention, où plutôt elle ne savait pas alors que cette ambition qu'elle éprouvait comme chrétienne, les femmes l'éprouvent aisément pour leur compte dès qu'elles ont de l'enthousiasme dans l'âme, et que le désir ambitieux de ramener ou de soumettre un homme qui a échappé à tous les liens, en a plus égaré que ce qu'on veut bien appeler leur faiblesse. Toujours est-il que Félicie, après s'être longtemps occupée du sentiment de confiance et de déception qu'elle avait éprouvé, s'occupa beaucoup plus de l'homme qui l'avait fait naître; car, à vrai dire, elle ne pensait qu'à Georges, bien que d'autres fussent en cause. La première scène du théâtre le lui avait d'abord montré seul, et avait fixé son attention sur lui ; d'autre part, il avait toujours été distingué des autres dans le mal qu'on avait dit de tous. Il était le plus dépravé, le plus turbulent, le plus impitoyable. Il était, selon l'expression du grand vicaire, le Satan de cette troupe de démons que la parole du prélat avait dominés.

L'examen qu'une femme comme Félicie pouvait faire d'un homme comme Georges ne pouvait pas avoir des résultats bien particuliers, et il n'en résulta pour elle qu'une contradiction qui l'étonna : c'est que, forcée d'admettre tout le mal qu'on disait de Georges, elle éprouvait une conviction secrète qu'il valait mieux que sa réputation. Et cet instinct irraisonné était si fort, qu'elle souffrait à entendre tous les mauvais propos qu'on tenait sur son compte, lorsque lui-même détruisait tout d'un coup cet intérêt qu'il était bien loin de soupçonner.

Parmi les actrices du théâtre de Bordeaux, il y avait une certaine mademoiselle Florise, objet des désirs de toute la jeunesse bordelaise, à qui la sottise de l'idolâtrie dont elle était entourée avait inspiré une sottise de vanité qui lui faisait traiter dédaigneusement qu'il ne dernier dédain tous les hommes qui la recherchaient. Maîtresse avouée du général, elle avait la réputation de lui être fidèle, non pas à cause de l'amour qu'elle lui portait, mais parce qu'elle avait trop de calcul et de vanité pour vouloir jouer la position qu'il lui avait faite contre une passion sérieuse ou une intrigue amusante. Cette femme n'avait, à vrai dire, ni cœur, ni esprit. Ayant le vice de se vendre, elle n'avait pas la bonne qualité de se donner.

Soit parti pris de la part de Georges, soit que véritablement elle lui déplût, il s'écarta avec un dédain marqué de cette femme, tandis qu'il allait jetant sa fortune et son temps aux plus inconnues de ses compagnes, pourvu qu'elles fussent bonnes filles de joie et de plaisir. Georges de Labardès avait un trop beau nom, il possédait une trop grande opulence, et son arrivée à Bordeaux avait trop d'éclat, pour que ce dédain ne fût pas remarqué par celle qui en était l'objet. Elle en fut vivement blessée ; et, trop maladroite pour comprendre que la plus complète indifférence pouvait seule la venger, elle voulut lutter d'impertinence avec Georges. Un jour qu'il se trouvait près d'elle, causant avec une figurante d'assez pauvre apparence, elle tenta de lui lancer quelques épigrammes ; et comme il semblait ne pas les comprendre, elle appuya sur ses allusions aux basses inclinations de certaines gens. Georges s'éloigna sans avoir l'air de rien. La colère de Florise redoubla ; et comme dans le courant de la soirée elle eut occasion de se retrouver près de lui, elle poussa ce qu'elle appelait le persiflage jusqu'à la brutalité. On avait eu un si terrible exemple de l'éclat qui avait suivi cet effort de patience, que plusieurs amis de Florise craignirent que Georges ne méditât contre elle une vengeance qu'ils ne pourraient deviner, mais qui serait sans doute cruelle : l'un d'eux fit un effort pour amortir le coup qui se préparait, et s'écria gaîment :

— Qu'as-tu donc, Labardès ? Tu te laisses cribler et percer à jour sans répondre un mot ?

— Moi ! fit Georges d'un air bien naturellement étonné ; moi ! et par qui ?

— Par Florise, qui frappe, ce me semble, assez droit, assez fort !

— Par madame, dit Georges en la saluant avec grâce ; madame ne s'occupe pas de moi, et je ne pense pas avoir l'honneur d'être connu d'elle.

Cela fut dit d'un ton si naturel et si respectueux en même temps, que Florise dut croire qu'il parlait sérieusement, et elle resta fort embarrassée, non-seulement de sa propre impertinence, mais encore du ton respectueux avec lequel on lui parlait ; et quoiqu'elle ne manquât pas d'esprit, malgré sa sottise, elle ne sut que répondre.

C'est que de tous les esprits le plus difficile c'est l'esprit convenant. Souvent, quand l'esprit se débraille, relève sa robe et fait parade de grosses nudités brutales, il arrive à aire effet à certaines intelligences échauffées, comme dans une orgie le déshabillé effronté de quelques femmes les rend belles à des yeux animés. D'autrefois l'assemblage bien entortillé de quelques mots à antithèses subtiles, de ~etites réticences adroites, fait croire à l'esprit, comme la ~oilette empesée, gommée, épinglée de certaines femmes, fait croire à la beauté. Mais le véritable esprit, comme la **véritable beauté, sans effronterie comme sans apprêt**, sont

chose assez rare pour que Florise se trouvât tout à coup déroutée lorsque les bonnes façons de Georges la ramenèrent sur ce terrain. Son embarras fut évident à tous les yeux ; et pour nous servir d'un des bons mots des assistans, elle en sortit par une fausse entrée. Elle était si troublée, et si piquée d'être troublée, qu'elle entra étourdiment en scène avant la réplique, et fut brutalement avertie de son erreur. C'en était plus qu'il ne fallait pour porter sa colère au dernier degré.

Tout le monde dut en souffrir, adorateurs, directeur, camarades, excepté Georges, qui avait disparu, et auquel elle en voulut mortellement, mais auquel elle ne pouvait dire d'injures dans la loge d'avant-scène où il était paisiblement assis, lisant un journal. Il ne nous convient pas de suivre dans tous ses détours ce manège vulgaire d'une fille coquette, et de ce qu'on appelait autrefois un roué. Toujours est-il que la froide et vaniteuse Florise s'empêtra si bien dans les filets où elle voulut prendre Georges, qu'au bout de quelques semaines elle était véritablement éprise de cet homme, au point d'être devenue moins impertinente avec les autres. Quand une femme vaine commence à avoir pitié de l'amour qu'elle inspire, c'est qu'elle souffre cruellement de l'amour qu'elle ressent.

Georges avait deviné Florise ; Georges n'était pas un homme tellement supérieur, qu'il ne fût ravi d'être l'amant de la plus belle femme de Bordeaux, de celle que tout le monde enviait aux cachemires (c'était en 1812) et aux diamans du général, et bientôt le beau Labardès fut à son tour l'objet de l'envie universelle.

Pendant que cela se passait dans les coulisses du grand théâtre, Georges était bien loin de soupçonner qu'une intrigue comme la sienne pouvait occuper autre chose que les caquets de salon et troubler la solitude d'une femme dont il savait à peine le nom, et qu'il n'avait jamais vue. Mais la rupture entre Florise et le général fit un éclat trop scandaleux pour que Félicie ne fût pas avertie de ce qui l'avait amené, et le nom de Georges de Labardès lui revint cette fois avec un concert d'épigrammes envieuses. Félicie ne partageait ni l'indignation de quelques femmes de fonctionnaires qui trouvaient honteux qu'un jeune homme eût, avec une femme de théâtre, une liaison qu'elles avaient fort bien acceptée de monsieur le général, ni l'enthousiasme de quelques bas-bleus en fait de galanterie, qui trouvèrent que la conquête de Georges était le complément de sa victoire sur les militaires. Félicie, à qui toutes ces opinions devaient être fort indifférentes, ne se rangea d'aucun côté ; mais elle se sentit prise d'un froid mépris pour cet homme sur qui, à son insu, elle avait laissé planer une vague espérance. Ce n'était plus la déception que lui avait donnée son mari sur les sentimens religieux de Georges, c'était le dégoût d'une âme qui croit apercevoir une noble et forte nature égarée, et qui reconnaît qu'elle n'a arrêté ses regards que sur une âme vulgaire. Voilà du moins comment Félicie traduisit le dépit qu'elle éprouva à cette nouvelle. Mais s'il était permis de chercher dans le germe le plus inaperçu les passions qui se montrent plus tard dans tous leurs développemens, on pourrait dire que ce dépit fut le premier symptôme du trouble d'un cœur que tourmentait un besoin d'amour. Il y avait de la jalousie dans ce dépit, comme il y a une fleur large et brillante dans chaque grain inaperçu de la semence du pavot.

Cependant Georges était à mille lieues de supposer qu'il fût l'objet des moindres réflexions pour madame de Norbert ; et certes, lorsqu'il la rencontra pour la première fois, il n'eut pas lieu de croire que ses réflexions allassent au delà de ce que tout le monde pouvait penser de lui. Quelque temps après son arrivée, Georges s'était fait inscrire sur la liste des avocats à la cour royale de Bordeaux, et en cette qualité il avait été faire des visites à tous les membres de la cour et du parquet. Lorsqu'il se présenta chez monsieur de Norbert, il fut reçu avec empressement et trouva Félicie dans le salon avec son mari. L'accueil de monsieur de Norbert fut cérémonieux et glacé ; celui de madame de Norbert fut plus que réservé ; elle lui parut gênée et troublée ; il était facile à Georges de traduire la retenue de monsieur de Norbert par le peu d'estime que devait faire d'un homme de dissipation un magistrat aussi sévère. Mais la gêne de madame de Norbert ne s'expliquait pas aussi facilement ; ce n'était pas la sécheresse guindée d'une bégueule, ni l'austère dignité d'une femme sévère, c'était l'embarras contraint d'une femme timide ; il sembla à Georges que madame de Norbert l'avait reçu, non pas comme un homme de mauvaises mœurs dont l'aspect répugne, mais comme un homme de mauvaise compagnie dont on redoute une grossièreté.

De toutes les opinions qu'on pouvait avoir de Georges, celle-ci lui était la plus désobligeante, et il ne voulut pas la laisser à une femme distinguée, et qui, loin de lui montrer ses préventions, s'était efforcée de les cacher. Dans le peu d'occasions où les réunions solennelles de l'hiver le firent trouver avec madame de Norbert, il tâcha de lui montrer que la bonne vie et le savoir-vivre sont deux choses tout à fait différentes. Et Félicie en était à s'étonner de voir une conduite si brutalement licencieuse recouverte de l'esprit le plus élégant, des formes les plus polies, du respect le plus empressé pour les femmes et la vieillesse, lorsqu'arriva la petite aventure suivante :

La catastrophe de la guerre de Russie avait eu lieu. Ce vaste désastre détruisit plus que l'armée qui en fut victime, il fit évanouir le prestige d'invincible dont Napoléon était entouré. On osa regarder plus en face cette haute fortune couronnée de tant de victoires éclatantes, dont les glorieux rayonnemens troublaient la vue des plus sages et faisaient baisser les yeux aux plus hardis. La défaite du maître fit réfléchir les habiles, la sévérité de cette leçon providentielle réveilla le patriotisme des honnêtes gens, et le désespoir des mères commença la désaffection des masses. A ces divers sentimens qui agitèrent la France dans toutes ses parties, se joignait pour la ville de Bordeaux le regret de sa splendeur éteinte et de son commerce anéanti. Le soulèvement de l'opinion fut général ; le murmure sourd et profond qui en fut d'abord l'expression avertit les magistrats du mécontentement populaire, sans leur désigner la place précise où ils pourraient l'attaquer pour le maintenir. Mais bientôt il arriva de cette émeute de plaintes et de réclamations ce qui arrive dans les émeutes qui courent les rues; les plus exaspérés ou les plus hardis montent sur les bornes et brandissent des armes ; de même il y eut, dans ce grand gémissement de toute une ville, des voix qui s'élevèrent au-dessus des autres, jetant des malédictions directes au pouvoir, articulant des menaces violentes contre lui. Quelques matelots du port et des femmes du peuple furent arrêtés et emprisonnés. Il en résulta une action judiciaire qui ne fit qu'augmenter l'indignation publique. Les magistrats cherchèrent à en atténuer l'effet en renvoyant les accusés en police correctionnelle comme tapageurs et perturbateurs de l'ordre public ; mais une fois l'affaire appelée, elle grandit devant les juges par les plaidoiries des défenseurs; les prévenus furent acquittés, et leur absolution fut regardée comme un triomphe de l'opinion publique et une condamnation du pouvoir. On eût la maladresse de ne pas laisser cette satisfaction aux opposans ; on appela de l'arrêt des premiers juges, et le procès arriva devant la cour impériale. Le choix qu'on fit de monsieur de Norbert pour soutenir l'accusation, montra plus qu'il ne fallait l'importance que le pouvoir attachait à son succès. Quelques jeunes avocats qui avaient plaidé devant le tribunal de première instance, acceptèrent l'offre faite par les plus célèbres praticiens de Bordeaux de se charger de la défense des prévenus. Il ne fallut pas moins que la toute-puissance de l'esprit de parti pour déterminer de jeunes avocats à céder la place à des anciens, et des prétentions naissantes à se retirer devant des réputations faites. Labardès seul garda la défense de sa cliente, marchande de marée, dont deux fils avaient disparu dans ce vaste naufrage de nos armées. Cet acte de volonté et de confiance en lui-même fut l'objet de nombreuses négociations. On trouva que c'était plus que de la suffisance de la part de Georges, qui n'avait encore plaidé qu'une cause, de ne pas imiter l'exemple de jeunes gens dont la plupart avaient trois ou quatre ans de pratique. Ceux-ci se trouvaient humiliés de leur retraite, si Georges ne les suivait pas ; les maîtres du barreau ne répondaient plus de rien, si on leur laissait un auxiliaire inexpérimenté, et avec lequel il serait difficile de combiner une défense qui ne devait être au fond qu'une attaque. Le jour de l'appel de la cause approchait, rien n'était décidé. Pour la première fois depuis le retour de Georges à Bordeaux, son père sembla s'occuper de sa conduite. Il approuva sa résolution, et se chargea de la faire agréer par tous les intéressés. Il invita chez lui les avocats jeunes et vieux qui s'étaient mêlés de cette affaire, et dans un petit discours auquel le nom vénéré de monsieur de Labardès et son grand âge prêtèrent toute l'autorité nécessaire, il leur demanda de permettre à son fils de prendre part au grand acte de courage qu'ils allaient faire. Ce n'était pas le jeune avocat sans talent pour lequel il les sollicitait, c'était le nom de Labardès qu'il demandait à unir à celui des illustres du barreau de Bordeaux. Ce nom, dit-il, dont l'absence a été une protestation silencieuse, tant qu'il n'y en a pas eu d'autre possible, doit être présent lorsqu'il y a une protestation active à faire. D'ailleurs, ajouta-t-il, ce sera l'ex-président de l'ancien parlement de notre ville qui s'associera à vous dans la personne de son fils ; j'irai m'asseoir près de lui, revêtu de la robe d'avocat, de cette robe plus honorable aujourd'hui que la toge rouge du magistrat, que j'ai refusé de porter.

Ce petit brin de mouvement oratoire dans la bouche d'un vieillard et d'un homme si haut placé détermina les plus récalcitrans, et il fut décidé que Georges plaiderait. Ce fut donc une rare solennité que l'appel de cette misérable cause, et toute la ville s'y porta : les femmes y étaient en grand nombre. La présence du vieux monsieur de Labardès produisit un grand effet, c'était tout un acte d'opposition, et l'on pensa qu'après les longues et vives plaidoiries des autres avocats, son fils ne dirait que le peu de mots nécessaires pour constater pour ainsi dire cet acte. Mais Georges n'avait pas été si obstiné dans la résolution de plaider pour accepter un rôle si secondaire, et il sut prendre hautement celui qui lui convenait. Il se couvrit d'abord avec une noble fierté du patronage de sa noblesse parlementaire, il exprima sans fausse sensibilité, mais avec une pieuse conviction, la reconnaissance qu'un fils doit à son père pour le patrimoine d'honneur qu'il lui donne avec son nom, et l'étonnement de tout le monde fut grand à cet appel inusité à d'antiques sentimens, et les surprenait d'autant plus que la conduite de celui qui les exprimait avait dû faire croire qu'il y était complètement étranger. Ce contraste, qui eût peut-être fait hausser les épaules s'il s'était rencontré dans tout autre personnage que Georges, saisit puissamment les auditeurs. On ne pensa ni à ricaner ni à sourire, en écoutant l'expression nette, forte et lucide de ces sentimens ; et la voix vibrante et sonore, la tenue digne et respectueuse avec lesquelles ils furent débités domina dès l'abord tout l'auditoire. Parmi les faits que l'accusation reprochait à la cliente de Georges, on avait laissé entrevoir que cette femme, qui ne quittait guère les églises, avait cédé aux insinuations de quelques prêtres dans les malédictions qu'elle avait fait entendre contre le pouvoir. Georges s'empara de cette insinuation, et en faisant un titre à l'accusée, il demanda ce qu'on prétendait laisser à une mère si, après lui avoir enlevé ses fils, on venait lui faire un crime de sa piété. « Oh ! souhaitez, dit-il aux juges, souhaitez de ceux qui ont le désespoir dans le cœur aillent puiser, dans les conseils des prêtres, la résignation nécessaire pour porter leurs peines! Ne raillez pas et n'accusez pas cette piété et cette espérance d'un meilleur monde où se réfugie la douleur d'une mère; si vous lui fermez cet asile, c'est alors que le cri de son désespoir se répandra avec violence, et Dieu seul peut savoir où s'attachera alors l'espérance qu'elle ne mettra plus en lui ! »

Je ne prétends pas rapporter ici le plaidoyer de Georges ; mais il faut vous apprendre qu'il aborda un ordre d'idées qu'on évoquait rarement à cette époque, et qui ne semblait pas devoir être mis en jeu par le duelliste libertin Georges de Labardès. Sur la réponse de monsieur de Norbert, les accusés furent condamnés. L'accusateur public fut aussi habile que l'avocat avait été éloquent; il le suivit sur le terrain où il avait porté la cause; il déplora avec lui la douleur de la mère, il partagea son enthousiasme pour la religion qui devait la consoler; mais il la trouva d'autant plus coupable qu'elle avait méconnu sa voix et n'avait fait preuve du d'une détestable hypocrisie.

Madame de Norbert, sur les sollicitations de quelques dames curieuses d'assister à ces débats, leur avait prêté l'appui de sa présence pour leur obtenir de bonnes places; elle fut singulièrement émue du discours de Georges, et peut-être plus encore de la joie étonnée du vieux président qui semblait retrouver son fils qu'il avait cru perdu; mais elle demeura confondue en entendant monsieur de Norbert aborder avec une conviction si chaude la défense d'une religion qu'il raillait si froidement en particulier. L'enthousiasme de son mari ruina ses yeux la sincérité de Georges, et un mot de monsieur de Norbert porta dans son âme un doute nouveau. Elle l'avait suivi dans son cabinet, où il quittait sa robe pour rentrer ensemble à leur hôtel. Quelques personnes étaient venues complimenter monsieur de Norbert sur son succès; l'une d'elles, plus intime que les autres, le félicitait surtout de sa victoire personnelle sur monsieur de Labardès, qui avait montré un grand et véritable talent.

— Allons donc! fit monsieur de Norbert en rajustant son jabot, ce monsieur s'est imaginé me prendre en défaut avec ses homélies : je lui en ferai tant qu'il voudra.

— C'est que vous l'avez battu avec ses propres armes, répondit le complimenteur.

— Ah! s'écria monsieur de Norbert, voilà où était l'adresse. A cafard, cafard et demi.

Et il offrit le bras à sa femme, qui se dit tout bas avec une déception de plus dans le cœur :

— Mon Dieu! la justice humaine n'est-elle donc qu'une comédie!

Pendant ce temps monsieur de Norbert continuait la conversation, et il finit par dire à son interlocuteur :

— Après tout, je suis un vainqueur généreux, et je reconnais que ce jeune homme manie bien la parole. Ce talent semble inné chez les Bordelais; et je ne serais pas fâché de lui en faire mon compliment. Nous avons ce soir quelques personnes, amenez-nous-le.

Félicie tressaillit.

— Cela vous déplaît-il, lui dit son mari.

— Nous ne connaissons pas monsieur de Labardès; d'ailleurs c'est un homme de la vie...

— Vous avez raison, reprit monsieur de Norbert, et je vais dire à...

Mais l'ami avec qui il causait en marchant s'était éloigné et se trouvait déjà assez loin d'eux.

— Rappelez-le.

— Bah! fit monsieur de Norbert, je lui ai dit cela très en l'air. Il est probable qu'il ne verra pas monsieur de Labardès, qui, après un début si éclatant, doit avoir autre chose à faire que de venir passer une soirée cérémonieuse chez nous. Ces jours-là appartiennent de droit à la famille, quand les gens comme monsieur de Labardès ne les donnent pas à leurs maîtresses.

— C'est vrai, c'est vrai, dit vivement madame de Norbert; et j'espère qu'il ne nous en gratifiera pas.

Le soir venu, la personne que monsieur de Norbert avait chargée de son invitation arriva seule. Félicie fut affranchie d'un singulier embarras; mais en même temps elle éprouva une sorte de dépit. Un moment après, cette personne s'approcha d'elle et lui annonça la visite de monsieur de Labardès.

— Comment, il vient! dit-elle avec étonnement.

— Vous avez l'air aussi surpris de sa venue que lui de votre invitation.

— Ce n'est pas moi qui l'ai invité, reprit Félicie avec quelque dédain.

— Il le sait bien.

— Et comment le sait-il?

— C'est qu'au moment où je lui ai dit le désir qu'on avait de le complimenter, il m'a demandé si, au moment de cette invitation, vous étiez avec votre mari. Je lui ai répondu que vous y étiez. — Et elle n'a rien dit contre ce désir? m'a-t-il dit. — Rien, lui ai-je répondu. — C'est que je soupçonne qu'elle a de moi une assez fâcheuse opinion, et que je n'ai aucune envie de lui causer le moindre déplaisir en me présentant chez elle. Je l'ai rassuré, et, après un moment de réflexion, il m'a répondu qu'il viendrait bien certainement en sortant de chez son père.

Ces riens inaperçus firent pour Félicie un événement de l'arrivée de Georges. D'où savait-il qu'elle avait une mauvaise opinion de lui; et, s'il le supposait, pourquoi venait-il? Si Félicie avait bien pu se rappeler tout ce qu'elle avait éprouvé dans la journée, elle l'aurait deviné. Elle se serait rappelé que, dans le plaidoyer de Georges, qu'elle avait écouté si attentivement, celui-ci ne s'était pas borné à représenter la religion comme le refuge de ces douleurs puissantes qui ont pour cause des désastres passés, et que, dans quelques considérations générales, il l'avait présentée comme l'asile des nobles cœurs méconnus, des souffrances secrètes, des pensées solitaires. Georges semblait avoir prononcé cette partie de son plaidoyer avec un accent plus ému. Peut-être parlait-il pour lui; mais que ce langage fût sincère ou non, il trouva un écho dans le cœur de Félicie; elle se troubla comme s'il eût parlé pour elle; des larmes lui vinrent aux yeux, et Georges les aperçut tandis qu'elle les essuyait furtivement.

Voilà ce qui amenait Georges chez madame de Norbert. Son arrivée fit éclat. Félicie en fut blessée. Elle trouva que ce monsieur, habitué des coulisses, aurait bien pu y aller triompher à son aise. Cependant la conversation revint sur la grande cause du jour, et l'on félicita vivement Georges d'avoir un moment disputé la victoire à monsieur de Norbert.

— Véritablement, dit quelqu'un, vous avez ému, j'en appelle à madame de Norbert, qui pleurait pendant que vous parliez.

— C'est vrai, dit-elle avec vivacité, mais je pleure aussi très facilement au spectacle, et l'on sait que les avocats sont de très habiles comédiens.

— Oh non! madame, s'écria Georges avec chaleur, ne les jugez pas ainsi; il y a des hommes dont le talent a assez d'habileté et de puissance pour parler avec supériorité sur tous les sujets, et pour les traiter mieux que personne par la seule force de leur esprit; ceux-là, ajouta-t-il, en adressant sa phrase à monsieur de Norbert, sont nos maîtres passés en fait d'éloquence, mais je n'ai pas la prétention de me croire doué d'un si haut talent. S'il est vrai que j'ai ému quelqu'un, c'est parce que je l'étais moi-même, madame; si j'ai parlé avec quelque vérité des consolations que donne la religion, c'est que j'ai cette foi dans le cœur, c'est que je crois, c'est que j'espère en elle. Hélas! voilà tout mon succès; il tenait à ma conviction et non pas à mon talent; et peut-être serais-je demain un bien pauvre avocat s'il me venait une cause qui ne me touchât pas, et s'il fallait trouver des raisons ailleurs que dans mon cœur.

Ces paroles eurent deux effets bien particuliers. La vanité de monsieur de Norbert accepta cette distinction entre l'orateur expert et l'homme consciencieux, et il sut gré à Georges d'avoir reconnu et proclamé la souplesse et la supériorité d'un talent auquel n'étaient étrangères aucunes ressources de l'art oratoire. Quant à Félicie, elle s'étonna de la chaleur avec laquelle ce jeune homme défendait la sincérité de son langage au prix d'une habileté dont son mari était si fier. Cependant, la vivacité de Georges ayant excité les plaisanteries de quelques personnes, il garda le silence. La conversation languit, et peu à peu il demeura seul auprès de madame de Norbert; et Félicie, qui croyait n'être que curieuse, lui dit en souriant :

— Vous avez trop vite abandonné votre cause, monsieur, et le succès vous a échappé.

— C'est qu'il importe peu, madame, qu'on croie à la vérité des sentimens que j'éprouve.

— Vous ne pensez pas cela, sans doute, devant le tribunal ?

— C'est que j'étais avocat dans ce moment.

— Je comprends, dit Félicie, vous plaidiez, vous remplissiez un rôle.

— Non, madame, non ; c'est que la robe de l'avocat, en l'investissant du ministère sacré de défenseur de l'opprimé, donne à ses paroles une autorité que ne leur prêterait pas souvent l'homme lui-même qui les prononce. J'étais, il y a quelques heures, l'organe d'une grande infortune, et on m'écoutait à ce titre. Que suis-je ici ?...

Il s'arrêta, et reprit en souriant avec plus d'effort que de gaîté :

— Je suis, et je vous demande pardon de vous le dire, je suis ici l'étourdi, le fou, Georges Labardès, le frivole avocat d'une grande cause, que je rendais peut-être mauvaise aux yeux de certaines gens en en faisant la mienne ; je vous avoue que je ne me crois pas obligé de la défendre pour moi qui n'ai pas ces sentimens pour en faire parade, et je crois que je fais bien de ne pas la défendre pour elle à qui son défenseur ne ferait pas honneur.

Cela fut dit avec un ton qui avait plus de gravité que Georges ne voulait peut-être. Lorsqu'il avait prononcé sur lui-même les mots de fou et d'étourdi, l'expression de son visage semblait dire qu'il n'ignorait pas qu'on devait souvent le qualifier en termes plus sévères ; mais que ce n'était que par respect pour Félicie qu'il ne les prononçait pas. Tout cela étonna fort madame de Norbert. Elle ne comprenait pas qu'un homme jugeât si bien ce qu'il était et l'opinion qu'on avait de lui, et qu'il ne changeât pas de conduite. Elle ignorait qu'à côté de cette droiture de cœur et d'esprit, il peut se rencontrer des passions si fortes ou des faiblesses si grandes, qu'elles peuvent entraîner celui qui les éprouve hors du chemin qu'il reconnaît le meilleur. D'une autre part, elle fut embarrassée de ces paroles qui sembaient une confidence entre elle et un homme qu'elle connaissait si peu ; aussi ne répondit-elle rien, et bientôt après, Georges quitta le salon de madame de Norbert. La préoccupation qui suivit cette conversation dans l'esprit de Félicie errait plutôt sur des considérations générales qu'elle ne s'attachait à celui qui l'avait fait naître, lorsqu'un mot de monsieur de Norbert lui donna une application personnelle et une direction bien étrange. Demeuré seul avec sa femme, il laissa percer avec plus de liberté la joie qu'il éprouvait de son triomphe ; et la conversation étant revenue sur ce qu'avait dit monsieur de Labardès, Félicie se hasarda à demander à son mari ce qu'il pensait de la conviction religieuse de Georges.

— Bon ! dit celui-ci, la dévotion est une des conditions du parti auquel veut se réunir ce jeune homme. Cela est d'uniforme, voilà tout.

— Comment ! vous croyez que l'esprit de parti peut le pousser à mentir à sa conscience !

— Je vous avoue que je ne vois pas d'autre raison à cette hypocrisie, à moins que ce ne soit, ajouta Lucien en riant, pour vous faire la cour.

Monsieur de Norbert laissa tomber ces mots comme une plaisanterie à laquelle il n'attacha pas le moindre sens réel. Il le dit à sa femme comme il l'eût dit à tout autre, comme il l'eût dit à un homme dévot. Mais cette parole fut trop grave pour Félicie ; elle l'alarma ; elle ouvrit un champ nouveau à ses réflexions ; elle l'empêcha de dormir. Félicie s'indigna de la supposition même de pouvoir être en butte aux poursuites d'un homme si débauché, et qui oserait prendre, pour arriver jusqu'à son cœur, les faux-semblans de la piété et de la religion. Sa colère fut grande, et elle se promit bien de ne plus revoir cet audacieux, ou de l'avertir sévèrement de l'impuissance de sa fourberie, si jamais elle le rencontrait par hasard. Pauvre femme ! contre qui se défendait-elle donc si imprudemment et si violemment ? Qu'avait fait Georges de si démonstratif d'un projet de séduction ? Qu'avait dit son mari de si alarmant sur un pareil projet ? Où étaient, d'une part, les tentatives téméraires, et de l'autre, les avertissemens certains ? Pourquoi se sentait-elle donc en un si grand danger ? Était-ce un instinct secret du cœur qui l'avertissait des résolutions secrètes de cet homme ? ou plutôt n'était-ce pas elle-même qui, sentant sa force défaillir, son cœur se troubler, croyait sentir une force étrangère l'accabler et un désir ennemi la poursuivre ? Le cœur a ses grossières ignorances comme l'esprit. Les paysans des montagnes croient fermement qu'il y a au fond des abîmes une fée qui les attire, et ne peuvent croire qu'ils portent en eux le vertige qui les y précipite. Félicie n'éprouvait-elle pas ce vertige du cœur auquel aucune raison ne peut dominer, et l'effet moral devait-il être le même que l'effet physique, c'est-à-dire que plus la chute menace d'être profonde, plus le vertige est invincible ? Pour tout dire, en un mot, aimait-elle Georges ? Elle l'aimait... Elle l'aimait comme elle en avait été jalouse lorsqu'elle avait appris son intrigue avec Florise. C'était un germe d'amour auquel pouvaient manquer le temps et le soleil pour le faire éclore ; mais elle s'occupait de cet homme plus qu'il ne fallait, plus qu'elle n'eût voulu peut-être, si elle avait pu donner son véritable nom au trouble qu'elle éprouvait.

De son côté, Georges s'était-il aperçu de la préoccupation qu'il inspirait ? il n'avait pas assez de fatuité pour la deviner. Toutefois, avait-il un dessein arrêté de séduire cette femme ? il était à mille lieues de cette pensée. Il éprouvait en face d'elle un besoin de mériter son estime et son approbation, qui naissait sans doute du respect que lui inspirait sa vertu ; et il ne semblait pas à Georges que l'hommage rendu à la vertu pût être un commencement d'amour. Car ce n'était pas ainsi qu'il avait senti cette passion jusqu'à ce jour. Des désirs ardens auxquels se mêlaient toujours un besoin actif de plaisir et de tumulte, et quelquefois des sentimens de vanité, voilà tout ce qu'il avait éprouvé. Aussi était-il bien loin de croire qu'il pût aimer une femme qu'il regardait comme un juge. Mais pourquoi lui si impérieux, si raide d'ordinaire vis-à-vis de ceux qui voulaient le juger, flattait-il l'opinion de cette femme ? Pourquoi avait-il consenti à reconnaître devant elle, comme coupable, une conduite qu'il portait haut le front vis-à-vis tant d'autres ! C'est qu'il y avait aussi en lui une semence d'amour. Amour aussi nouveau sur ce terrain pourri, où n'avait encore germé que les folles passions, que sur la terre vierge où aucune semence n'avait été fécondée. Georges était si ignorant de ce qu'il éprouvait, qu'il ne respectait pas ce sentiment ; à peine était-il sorti de chez madame de Norbert, qu'il se rendit chez Florise, où une longue orgie célébra le début oratoire de monsieur de Labardès. Ce début avait été pour que l'on ne s'en occupât point, et par conséquent de tout ce qui en avait été la suite. Le festin nocturne où l'on avait couronné Georges, après mille folies extravagantes, fut bientôt connu de toute la ville. L'indignation que Félicie en éprouva fut si grande, qu'elle ne put la cacher, et qu'elle se laissa aller à parler de Georges en termes d'une aigreur qui était tout à fait en dehors de ses habitudes. Son mari, devant qui elle prononçait ce blâme méprisant, riait beaucoup de sa colère, et lui disait :

— C'est que ma femme s'y est laissé prendre ; quelques paroles toutes boursoufflées de religion lui avaient fait croire que monsieur Georges de Labardès était destiné à devenir un nouveau saint Augustin. C'est la première leçon d'hypocrisie qu'elle reçoit, et elle s'irrite d'avoir été si fortement dupe.

— Mais cela doit vous indigner comme moi, monsieur ! dit Félicie.

— Moi ! fit Norbert, je vous avoue que je ne prends pas cette peine ; j'aurais trop à faire. D'ailleurs, pourquoi en voudrais-je plus à monsieur de Labardès qu'à un autre ? Chacun couvre ses vices du meilleur manteau possible : il en a choisi un dont la couleur vous plaisait, voilà tout. C'es ce qui à fait que vous y avez regardé et que vous avez reconnu que ce n'est qu'un manteau.

— Il importe peu, ajouta un magistrat, que les sentimens dont il se pare soient vrais ou faux ; toujours est-il déplorable qu'un jeune homme d'un si beau nom perde, dans l'oisiveté et les déréglemens, un talent véritable et une incontestable supériorité d'esprit.

— C'est qu'il n'y a pas de talent respectable, s'écria vivement Félicie, c'est qu'il n'y a pas de noble supériorité d'esprit sans conscience, sans foi sincère !

— Vous avez raison, dit monsieur de Norbert ; sans honneur, sans bonne conduite, il n'y a pas de véritable talent.

Il s'imagina avoir exprimé la même pensée que sa femme, et il ne fit autre chose que de lui faire remarquer qu'elle venait de le condamner selon son cœur en déclarant qu'il n'y avait point de noble talent sans foi et sans conscience.

Lorsque Félicie put réfléchir sur l'espèce d'emportement auquel elle s'était laissé aller, elle s'accusa sincèrement de la faute qu'elle avait commise vis-à-vis de son mari, quoiqu'il ne l'eût pas comprise ; elle s'inquiéta d'avoir été amenée à se prononcer d'une manière si absolue sur le compte des hommes qui savaient faire parade de sentimens qu'ils n'avaient pas, et elle se demanda si son mari n'était pas précisément un de ces hommes, moins les passions de Georges, plus un juste calcul de ce que rapporte une bonne vie. Lorsque cette pensée entra dans son cœur comme un éclair, elle secoua la tête avec violence en s'écriant :

— Ah ! c'est odieux !

Elle se sentit encore plus coupable ; elle se détourna de cette funeste idée ; elle détesta l'homme qui troublait sa tranquillité sans paraître même s'en apercevoir. Et peut-être même lui en voulut-elle de l'empire qu'il prenait si aisément. Peut-être eût-elle été moins courroucée contre lui s'il avait fait naître ce trouble par des poursuites obstinées et pressantes.

Si je vous raconte avec tant de détails les moindres émotions de madame de Norbert, c'est que je ne veux pas que vous restiez stupéfaits, comme le fut toute la ville de Bordeaux, lorsque je vous raconterai le dénouement éclatant et inopiné de cette passion si cachée que personne ne l'avait encore soupçonnée, lorsqu'elle perdit tout à coup la vie de madame de Norbert. Cependant, si secrète qu'elle fût pour tout le monde, elle ne tarda pas à être comprise par ceux qui l'éprouvaient, jusqu'à ce qu'elle fût devinée par cette Florise, dont la jalousie et le désespoir amenèrent la catastrophe que je vais vous dire.

A cet endroit de son récit, monsieur P... s'était arrêté. De tous ses auditeurs il n'y avait plus que la jolie dame et moi qui l'écoutassions pour l'entendre ; le reste de la table l'écoulait pour le laisser parler. Toute l'ardente curiosité que peut renfermer un bourg de quatre cents habitans avait failli devant cette explication tant soit peu prétentieuse de sentimens qui s'agitaient obscurément, sans qu'il s'élevât de leur conflit aucun événement dramatique. Mais il paraît que l'ancien chef de la police impériale tenait beaucoup à faire preuve devant ma belle voisine de sa connaissance exacte des secrets du cœur ; car il reprit après un moment de silence :

— Il faut que je vous arrête encore sur quelques petits nouveaux incidens de cette passion qui a été si grande ; car ce serait accuser madame de Norbert que de raconter ce que le monde a vu de sa vie, et je taisais ce qui en est resté caché. Ce monde a le droit impitoyable de juger seulement sur ce qu'il voit ; l'amitié doit avoir celui de rectifier ce jugement d'après ce qu'elle sait.

Après cette phrase préparatoire, notre hôte continua en ces termes :

— Si, dans une ville comme Paris, les propos de salon se répètent de manière à être connus de tout le monde, il n'est pas étonnant qu'à Bordeaux le bruit de la conversation qui avait eu lieu chez monsieur de Norbert n'arrivât bientôt aux oreilles de Georges. Un soir qu'il était dans la loge de Florise, ce bruit lui arriva, mêlé à beaucoup d'autres où il était encore plus maltraité, et ce fut cependant le seul auquel il fit quelque attention. Il en devint assez soucieux pour que les étourdis qui lui rapportaient les jugemens peu flatteurs qu'on portait de lui pensassent devoir l'en distraire, et l'un d'eux s'écria :

— Par ma foi ! Georges, tu es bien bon de t'occuper de ce que peut penser de toi une bégueule comme madame de Norbert.

Ce mot le blessa si vivement qu'il en tressaillit, et cependant il ne le releva point. Défendre madame de Norbert contre une épithète grossière, c'était la mettre en cause dans une assemblée de jeunes fous qui ajouteraient sans doute de nouvelles injures à la première. Georges se contint, quoique sa nature violente se révoltât à l'idée de n'avoir pas fait taire la voix qui avait prononcé un mot qui lui avait déplu, et il fit au respect que lui inspirait Félicie le sacrifice de ne pas la défendre. Mais il ne fut pas le maître de rester dans cette impassibilité ; et les caquets ayant continué, Florise qui avait, comme toutes les femmes sans valeur, une haine instinctive contre toutes les femmes qui valent quelque chose, Florise, dis-je, se répandit en sottes plaisanteries sur le compte de l'*avocate générale*. A ce moment Georges, ne pouvant supporter plus longtemps de si indignes propos, lui ordonna durement de se taire.

— Quel intérêt prenez-vous donc à cette belle dame ? lui dit Florise.

Ce reproche avertit Georges du soupçon que pouvait faire naître son humeur, et irrité d'avoir lui-même excité une discussion qui eût sans cela fini par s'éteindre, il donna à sa réponse une tournure dont la hauteur surprit ses amis et humilia profondément Florise.

— C'est que cette belle dame, comme toute autre, est trop au dessus de vous pour que vous ayez le droit de la juger.

— Plaît-il ? dit Florise stupéfaite.

— Gardez vos épigrammes pour vos camarades, continua Georges avec violence ; mais soyez bien avertie qu'il ne me convient pas, et qu'il ne convient pas davantage à ces messieurs, du moins je l'espère, que les femmes de notre monde soient l'objet des insolences d'une fille de théâtre !

— Une fille de théâtre ! répéta Florise exaspérée ; la fille de théâtre est chez elle ici, et...

Avant qu'elle eût achevé, Georges était sorti de la loge dans un état de fureur dont il ne pouvait se rendre compte, irrité contre tout le monde, irrité surtout contre lui-même qui avait laissé passer sans la relever l'injure prononcée par un homme, et qui avait si brutalement puni une femme de ce qu'elle avait imité l'exemple qu'on lui avait donné. Il errait depuis un quart d'heure dans les couloirs de la salle, plus mécontent de lui qu'il ne l'avait jamais été, désolé de ce que le nom de madame de Norbert pourrait se trouver mêlé à tous les récits qu'on allait faire de cette scène, honteux de sa brutalité envers Florise, tout prêt à chercher une querelle au premier maladroit qui le regarderait de travers, lorsque tout à coup un grand tumulte s'éleva dans la salle ; puis il y eut des cris, des appels, un mouvement général. Au moment où Georges allait regarder par une lucarne pour voir ce qui se passait, une loge s'ouvrit, et un homme en sortit.

— Qu'y a-t-il donc, monsieur ? dit Georges, sans regarder précisément à qui il parlait.

— C'est mademoiselle Florise qui se trouve mal, monsieur de Labardès ! lui répondit une voix railleuse.

Georges leva des yeux courroucés sur celui qui lui répondait ainsi ; il reconnut monsieur de Norbert et vit Félicie à son bras. Elle le regardait avec une vive expression de curiosité ; mais à peine Georges l'eut-il aperçue, qu'elle baissa les yeux, et c'est à peine si elle lui rendit le profond salut qu'il lui adressa. Georges surpris, dérouté par le hasard qui l'avait mis en présence de madame de Norbert au moment où son nom venait d'être pour lui l'objet d'une scène si fâcheuse, Georges oublia Florise et regarda machinalement Félicie s'éloigner. Il était resté sans le vouloir, et peut-être sans s'en apercevoir, lorsqu'au bout du corridor il vit madame de Norbert retourner la tête. Etait-ce le hasard ou la curiosité qui avait dicté ce mouvement? Georges n'eût pu le dire; mais la vivacité avec laquelle Félicie s'éloigna aussitôt lui prouva qu'elle avait été blessée que ce mouvement eût été remarqué par lui.

De tout cela, Georges ne tira aucune conséquence formelle, ni à propos des sentimens qu'il inspirait à Félicie, ni à propos de ceux qu'il ressentait pour elle; mais il s'étonna de ce conflit de circonstances inaperçues qui mêlait la pensée et le nom d'une femme comme madame de Norbert à sa vie dissipée et à des habitudes si éloignées d'elle. Georges ne s'apercevait pas que c'était lui et non les circonstances qui amenaient ces étranges rencontres. Le nom de beaucoup d'autres femmes avait été souvent prononcé dans la loge de Florise, accompagné de réflexions plus qu'inconvenantes, et jamais il n'y avait pris garde. Cependant ce petit incident changea son humeur en tristesse; par un sentiment tout nouveau en lui, il se trouva malheureux de son existence, et il rentra chez lui à l'heure où il avait coutume de ramener Florise chez elle.

Il y était à peine depuis une demi-heure, lorsque la femme de chambre de Florise arriva. Georges la reçut avec un reste d'impatience; et probablement il l'eût renvoyée avec une réponse fort dure, si elle s'était présentée de la part de sa maîtresse. Mais cette fille était venue en son propre nom. Elle raconta à Georges ce qui s'était passé depuis son départ de la loge de Florise. Blessée cruellement dans sa vanité, elle avait voulu le cacher et avait répondu aux doléances de ses flatteurs : « Eh, mon Dieu! monsieur de Labardès est probablement dans la salle; je veux lui montrer combien ses injures me touchent peu. » Elle était donc rentrée en scène en affectant une gaîté extraordinaire, et il est probable que si elle eût vu Georges dans sa loge, elle eût joué admirablement les deux rôles, dont l'un s'adressait au public et l'autre à son amant. Mais l'absence de Georges enlevant à ses efforts leur but principal, elle ne se trouva plus, pour remplir son devoir d'actrice, la force que son dépit de femme lui eût sans doute donnée; et après avoir lutté un moment, elle éclata en larmes et s'échappa de la scène en chancelant. Le régisseur mit cela sur le compte d'une indisposition subite, et le public s'alarma sérieusement pour la santé de la première cantatrice. Ramenée chez elle par son directeur, qui était très inquiet de la tournure que prendrait cette querelle amoureuse, Florise avait feint que ce n'était qu'une petite attaque de nerfs qui n'aurait pas de suite, et que, cette première émotion passée, elle se trouverait aussi tranquille que si elle n'avait jamais connu monsieur de Labardès.

— Eh bien! dit Georges en interrompant la femme de chambre, voilà qui est très bien.

— Sans doute, repartit cette fille, elle a du courage devant le monde; mais aussitôt qu'elle a été seule, tout a bien changé; elle s'est mise à pleurer, en poussant des cris, s'arrachant les cheveux. Elle est dans un affreux délire; elle vous appelle, elle vous demande pardon, elle est à moitié folle. J'ai été tellement effrayée de son état, que je l'ai laissée un moment à ma mère pour vous dire de venir près d'elle, si ce n'est par amour du moins par pitié.

L'excellente femme de chambre que celle-là! Répétait-elle admirablement la leçon qu'on lui avait faite, ou parlait-elle d'inspiration? je ne puis vous le dire; mais je sais que Georges fut touché de son discours. D'ailleurs, il avait trop de justice dans le cœur pour ne pas en être à se reprocher une brutalité que Florise n'avait pas méritée, à vrai dire; car il avait souffert mille fois ce qu'il avait défendu ce jour-là. D'un autre côté, ce n'était point Florise qui le faisait mander, son retour près d'elle restait l'acte d'un homme qui reconnaît volontairement ses torts avant qu'on les lui ait reprochés. Ce fut là surtout ce qui le détermina; car il est probable que sa liaison avec Florise eût été rompue à l'instant même, s'il lui avait fallu faire la plus petite concession à la moindre exigence. Mais il se trouva disposé à tout donner, du moment qu'on ne lui demandait rien. La manière dont la réconciliation s'acheva doit me faire croire que la femme de chambre avait dit la vérité. Labardès trouva Florise couchée et dans cet état de langueur et d'affaissement qui suit les crises violentes.

Elle pleura abondamment en le voyant, mais elle ne lui fit aucun reproche; et comme il s'excusait avec embarras, elle lui dit :

— Oh! je comprends que vous ayez été irrité de tous ces propos dont on vous harcèle; je sens qu'il est odieux de vivre sans pouvoir faire un mouvement, dire une parole qui ne soit indignement jugée et critiquée; j'ai vu le déplaisir que vous ont causé tous ces officieux rapporteurs de mauvais propos, qui se disent vos amis, et j'ai maladroitement essayé de rendre à d'autres le mal qu'on vous faisait. Je n'ai réussi qu'à faire éclater votre colère. Et bien! Georges, j'aime mieux encore en avoir été victime que de l'avoir vue s'adresser à un autre pour engendrer encore une querelle qui vous eût nui dans l'opinion publique.

— Et qui eût encore plus nui à madame de Norbert pensa Georges.

Il fallait que la pensée de cette femme l'occupât bien, pour que ce fût la première conclusion qu'il tirât des paroles de sa maîtresse. En effet, il ne s'attendait pas à trouver dans l'impertinente et leste Florise une abnégation si complète, et une appréciation si résignée des motifs de la conduite de son amant. Cette première pensée ayant été donnée à madame de Norbert, Georges remercia Florise d'avoir si bien compris ce qu'il avait dû éprouver. Que ce fût son intérêt bien entendu ou une passion véritable qui avait si bien inspiré Florise, il en résulta de la part de Georges, qui crut découvrir le sens et du cœur dans cette femme à qui il n'avait soupçonné jusque-là que de la frivolité et de la coquetterie. Toutefois, il semblait qu'un hasard complice fît pour Félicie et Georges un événement des paroles de l'un ou de l'autre, et trois jours ne s'étaient point passés, que madame de Norbert savait qu'elle avait été à peu près la cause de l'évanouissement de mademoiselle Florise. Il est assez difficile de rendre le sentiment que cette découverte fit naître dans le cœur de Félicie; d'abord elle fut étonnée et satisfaite de l'emportement de Georges, et de la manière dont il avait réprimé la méchanceté dont elle était l'objet; elle se rappela sa rencontre avec lui et le regard dont il l'avait suivie; elle lui sut bon gré du sacrifice muet qu'il lui avait fait en ne courant pas près de la femme qu'il avait offensé pour elle, mais elle se trouva blessée d'être mêlée aux propos d'un pareil monde; elle s'indigna d'avoir pu y être accusée et défendue, et puis enfin elle en voulut comme Georges, elle appela hasard, hasard cruel et fatal, ce qui n'était que la préoccupation de son cœur; elle oublia que cent fois on lui avait rappelé mille petits caquets où son nom avait été prononcé, et que jamais elle n'y avait pris garde; elle crut que la voix de Georges la poursuivait, parce qu'elle l'écoutait plus ardemment qu'une autre; et comme il arrive trop souvent, au lieu de s'armer contre elle-même, elle résolut de se garantir de ce qu'elle considérait comme une espèce de fatalité, elle décida que jamais elle n'émettrait une opinion sur le compte de monsieur de Labardès, que jamais elle ne prononcerait son nom. Mais à quoi lui servaient des précautions qui ne la protégeaient ni contre elle-même, ni contre des atteintes étrangères? Et cependant pouvait-elle prévoir que le silence qu'elle garderait dans une circonstance bien légère en apparence deviendrait le prétexte d'une sorte d'explication entre elle et Georges!

Ce fut une de ces scènes de femme dont l'adroite méchanceté se croit sans importance, parce qu'elle blesse que le cœur et ne lèse point les intérêts; elle se passa dans une de ses soirées où le petit nombre des personnes présentes ne permet ni de fuir une conversation qui vous déplaît, ni même de paraître ne pas l'entendre. Ainsi à peine

Félicie était-elle au milieu d'un cercle de quatre ou cinq femmes des plus élégantes de Bordeaux, qu'elle se trouva pour ainsi dire mêlée à un complot contre monsieur de Labardès, complot peut-être préparé d'avance, peut-être aussi né du hasard, mais auquel chacun prit part avec cette rare intelligence du mal qu'on appelle l'esprit du monde. Au moment où Georges s'était approché de ce groupe de femmes pour y saluer madame de Norbert, l'une des plus belles dames s'écria, en s'adressant à Félicie :

— Avez-vous entendu madame R...?

— La cantatrice de Paris qui est venue donner des représentations à Bordeaux ?

— Elle-même, madame R...

— Oui, je l'ai entendue hier.

— Eh bien ! qu'en pensez-vous ?

Comme Félicie allait répondre, elle leva les yeux, et rencontra ceux de Georges sur elle. Par une soudaine illumination, elle devina que son opinion sur cette femme serait commentée par celui qui semblait l'attendre si ardemment, et elle crut éviter de donner prise à toute réflexion en répondant :

— J'étais fort malade hier, et je n'ai pas prêté une grande attention au spectacle.

Personne ne comprit sans doute le motif de la retenue de Félicie ; mais le lièvre était levé, chacun se mit à le traquer en règle sans plus penser à madame de Norbert.

— Ah ! je vous plains, reprit une de ces dames, et je m'étonne, car elle a merveilleusement chanté.

L'élan était donné, et les phrases les plus significatives arrivèrent au galop. En voici quelques-unes : —. Enfin, voilà ce que j'appelle une cantatrice ! — Et en même temps une jolie femme ! Jusqu'à présent nous n'avions pas pu juger véritablement de la musique de la *Vestale*. — C'est si différent d'écouter de la musique, quelque belle qu'elle soit, dite sans intelligence ou sans cœur, ou de l'entendre exprimer avec passion ! — Ce qu'il y a surtout de précieux dans madame R..., c'est la justesse constante de sa voix. — Pas une intonation fausse ! Et comme elle a été belle au second acte, dans le grand duo ! — Et particulièrement dans ce passage : *A l'amour mon âme se livre !* — C'était véritablement de l'amour ! on comprend que Julia aime véritablement. — On comprend surtout qu'on puisse aimer une pareille femme !

Georges, le dos appuyé à la cheminée, entouré d'un cercle de quatre ou cinq femmes qui lançaient à sa vanité ces éloges outrés qui étaient autant d'épigrammes contre Florise, Georges ne dit pas un mot ; il était comme un fort bombardé sans pitié et sans relâche, qui ne répond point aux attaques de l'ennemi, soit qu'il s'assure en sa force, soit qu'il manque de moyens de défense. Ainsi l'on put penser que Georges fut assez pris à l'improviste pour perdre toute présence d'esprit, ou qu'il eut assez d'empire sur lui, assez de bon goût pour ne pas avoir l'air de comprendre. L'impassibilité apparente de Georges mit fin à ces propos. Je ne puis dire que ce fut générosité vis-à-vis d'un ennemi désarmé qui arrêta cette pluie d'épigrammes ; ce fut dépit de n'arracher aucun signe de douleur et d'impatience à celui qu'on croyait si vivement blessé. Les plus acharnées quittèrent le champ de bataille, et piquées de leur défaite, elles emportèrent dans un coin du salon leur mauvaise humeur ; et ce fut alors qu'elles remarquèrent ce qu'on eût pu appeler la désertion de madame de Norbert, d'autant plus qu'elle était demeurée seule à sa place, tandis que Georges s'était approché d'elle. Il lui dit alors :

— Je savais, madame, combien vous étiez belle ; je viens d'apprendre combien vous êtes bonne.

— En quoi donc ? répondit Félicie, qui essaya de cacher sous un air d'étonnement le trouble que lui causa ce brusque compliment.

— Ai-je mal compris votre silence, madame ? reprit Georges d'un air suppliant.

Madame de Norbert, irritée de cette investigation audacieuse de ses sentiments, crut l'arrêter en répliquant seulement :

— Mon silence ne vient que du peu de cas que je fais de pareilles discussions et des personnes qu'elles concernent.

A cette dernière parole, Georges pâlit ; madame de Norbert s'en aperçut ; au même instant, elle comprit que la phrase qu'elle venait de prononcer pourrait avoir un autre sens que celui qu'elle voulait lui donner. En effet, d'après ce que monsieur de Labardès venait de lui dire, il n'était pas douteux qu'il n'eût pris pour lui tout ce qui s'était passé ; et dès lors Félicie, en parlant du peu de cas qu'elle faisait des personnes que concernait une pareille discussion, avait adressé à Georges un dédain qui ne lui était pas destiné. La pâleur subite de Georges et cette réflexion la dominèrent si soudainement, qu'elle reprit avec l'imprudence d'une honnête femme :

— Oh ! ce n'est pas de vous que je voulais parler.

Ce mot fut comme un trait de lumière pour Georges, et éclaira l'âme de madame de Norbert. Il lui fit deviner la dignité de son dépit et la noblesse de la réparation, et il lui repartit en se levant et en la saluant :

— Je vous remercie, madame ; au désespoir que m'a fait sentir l'idée de votre mépris, je commence à comprendre le bonheur qu'il doit y avoir à mériter l'estime d'une femme comme vous.

Les pensées que Félicie emporta de cet entretien furent plus tumultueuses que vous ne pourriez le croire. Elle s'en voulut de sa conduite ; elle s'en voulut de n'avoir pas fait comme les autres, de ne pas s'être mêlée à ce caquetage qui lui avait paru de si mauvais goût ; elle s'en voulut surtout de ce qu'elle avait dit à Georges, et de ce qu'elle avait rétracté ; plus que jamais elle s'irrita de cette préoccupation incessante qui prêtait une importance étrange à tout ce qui se disait entre elle et cet homme. Puis, quand le cœur se fut bien épuisé à s'indigner, elle revint, non plus sur sa conduite, mais sur celle de Georges ; elle se rappela ce qu'elle avait dit, et surtout l'adieu qu'il lui avait fait. Alors elle commença en imagination un beau roman innocent et pur qu'elle ne pensait pas devoir accomplir un jour après une faute irréparable et avec un remords cruel. Elle se dit que ce serait un noble rôle à jouer pour une femme que d'être la divinité cachée d'un homme comme Georges, que de le ramener à l'honneur et de le pousser à la gloire par la seule espérance d'une approbation tacite. Vous devez vous rappeler que d'abord elle avait attendu de la religion ce triomphe ; maintenant elle le rêvait en elle. Vous voyez qu'elle avait grandement avancé dans sa passion pour cet homme. Elle eût avoir beaucoup à donner à un sentiment pour lui demander un empire si absolu. Cependant il semblait que Félicie dût être protégée contre elle-même par la conduite de Georges. Huit jours ne s'étaient point passés qu'on entendit parler d'une scène scandaleuse entre Florise et madame R..., la cantatrice de Paris. On prétendait que Florise lui avait reproché d'un homme de théâtre de ne s'être bornée à lui avoir enlevé ses rôles ; on prétendit que monsieur de Labardès n'avait pas nié son infidélité. Tout cela fut un texte à plaisanteries assez déplacées, qui se termina par un mot de monsieur de Norbert adressé à l'une des femmes qui avaient accablé Georges.

— Allons, il ne faut pas lui en vouloir, il devait cette réponse à vos épigrammes.

Etait-ce là ce que semblaient promettre ses dernières paroles ? se dit Félicie ; et pour la seconde fois elle subit une cruelle déception sur le compte de monsieur de Labardès. Ce fut le seul moment où elle eût pu étouffer le murmure secret de son cœur, qui jusque-là lui avait parlé en faveur de Georges. Elle ne le détesta pas pour l'hypocrisie qu'il semblait avoir montré vis-à-vis d'elle ; mais elle le dédaigna pour sa légèreté. Georges lui parut un homme sans portée, disant un texte et faisant le mal, selon l'impression du moment ; enfin elle le trouva vulgaire : c'est le seul vice que l'amour ne pardonne pas. Malheureusement pour Félicie, monsieur de Labardès était un homme de son monde, et elle l'y rencontrait trop souvent pour ne pas chercher à s'expliquer cette opinion. Aux yeux de personne, Georges n'était un homme vulgaire, il avait un sentiment trop noble des grandes choses, il exprimait ce sentiment d'une façon trop élevée pour que chacun ne reconnût pas en lui une incontestable supériorité. Cependant jamais il n'avait paru plus ordinaire à Félicie ; et dans un de ces momens où une femme cherche à se rendre raison de ce qu'elle éprouve, elle se dit que Georges était tout simplement un homme supérieur comme était son mari ; un homme d'un esprit capable, mais qui n'avait rien de saint et de vrai dans le cœur, et elle se détourna froidement de lui. Cependant un jour vint où elle crut s'être trompée, un jour où elle lui entendit raconter ce roman qu'elle avait fait dans la solitude de son cœur, un jour où il disait :

— Oui, je comprends l'ambition, mais l'ambition qu'on dédie, celle qui n'est pas égoïste et qui ne rapporte pas tout à soi, celle dont le succès fait la joie et le bonheur d'un autre. Oui, je comprends que ce qu'on refuse à l'opinion du monde, on l'accorde à l'opinion d'une seule personne ; qu'on devienne pour elle tout ce qu'elle aime ou seulement tout ce qu'elle estime ; qu'on rompe avec les mauvais sentimens, et, ce qui est plus encore, avec les mauvaises habitudes.

Félicie écoutait parler Georges, stupéfaite de lui voir dire un rêve qui avait été le sien. Il fut interrompu par monsieur de Norbert, qui repartit en riant :

— Voilà un admirable mobile ; je m'étonne seulement que vous ne l'ayez pas mis en pratique !

— C'est que pour le mettre en pratique il faut le posséder ; c'est qu'il faut avoir rencontré celle pour qui on ferait tout cela ; c'est qu'à supposer qu'on l'eût rencontrée, il faudrait qu'elle sût que c'est à elle qu'on donne sa vie.

— On le lui dit.

— Et si l'on n'ose pas, si on la respecte assez pour craindre sa colère autant que son mépris.

— On essaie, pour voir si elle comprendra, répondit monsieur de Norbert.

— Eh bien ! j'essaierai !

A cette brusque parole prononcée par Georges au milieu d'un cercle de femmes, la surprise fut grande.

Presque toutes baissèrent les yeux ; il paraissait peu douteux que cette déclaration publique s'adressât à l'une de celles qui étaient présentes. Je ne puis vous dire s'il y en eut plusieurs qui prirent le mot pour elles ; mais je puis vous assurer que Félicie ne s'y trompa point. Elle en fut si vivement troublée qu'elle rougit, tandis que son mari répondit en riant plus fort :

— Eh ! comment saurez-vous qu'elle vous a compris?

— Je la devinerai comme elle me devinera, sans qu'elle me parle plus que je ne lui ai parlé.

A partir de ce jour, on eut beaucoup moins à s'occuper de lui ; il suivit le barreau avec plus de suite ; il était plus assidu dans le monde, et il s'établit entre lui et madame de Norbert une de ces intelligences tacites que rien ne décèle aux yeux des meilleurs observateurs. Il n'était pas plus empressé ni plus attentif près de madame de Norbert, et cependant elle sentait qu'il ne disait rien que pour elle. Toutefois Georges était loin d'avoir la certitude qu'avait Félicie ; après avoir cru à sa complicité dans une pensée commune, il était forcé de reconnaître que rien ne l'avait averti de cette complicité. Cependant, n'en revenant encore de son doute, il n'osait tenter de l'éclaircir, lorsqu'un hasard qui semblait devoir lui tenir à jamais cachés les sentimens de Félicie, lui en apporta un aveu plus complet qu'il n'eût osé l'espérer.

Sans doute Georges avait amendé sa vie, mais non pas au point de renoncer à sa première existence ; seulement il fuyait le scandale, lorsqu'autrefois il le provoquait ; il courbait la tête devant l'opinion publique après l'avoir longtemps bravée. Sa liaison avec Florise continuait ; et un jour qu'il faisait un de ces épais brouillards dont la Garonne enveloppe souvent la ville de Bordeaux, il sortit avec elle, se croyant protégé par ce voile humide contre toute rencontre. En passant rapidement sur les allées de Tournay, il fut tout à coup tiré d'une assez profonde rêverie par ces mots de Florise :

— Quelle est donc cette dame qui vient de passer avec un monsieur ? ils ont chuchoté tout bas en nous voyant.

Georges se retourna ; mais la brume était si épaisse, qu'il ne put distinguer les personnes que Florise avait remarquées. L'idée que madame de Norbert pouvait être sortie par un temps si mauvais ne se présenta pas à lui. Il devait dîner ce jour-là avec elle chez un des conseillers de la cour. Lorsqu'il la salua, il ne remarqua rien qui pût lui faire soupçonner qu'elle l'avait vu ; mais au moment de passer dans la salle à manger, comme il lui offrait le bras pour la conduire, elle s'arrêta, une expression de dégoût se peignit sur son visage, et elle prit le bras d'une autre personne.

Il faut être amant pour comprendre tout ce qu'il y avait dans ce refus. En effet, Félicie avait été indignée d'avoir rencontré Georges avec Florise ; mais elle n'eût pas voulu pour rien au monde le lui montrer, et quand il l'avait saluée elle lui avait répondu avec sa grâce ordinaire. Mais au moment où il lui offrait le bras, elle n'eut plus ce courage. En effet, c'était occuper un moment la place qu'avait occupée cette misérable Florise. Cette idée la révolta, et elle ne fut pas maîtresse de la dominer.

Quelques heures après, Georges savait par monsieur de Norbert qu'il avait été rencontré le matin par lui et Félicie ; il crut comprendre sa colère, et huit jours après il avait rompu avec Florise ; mais huit jours après aussi, ayant encore offert son bras à madame de Norbert, elle l'accepta. A ce moment ils s'étaient dit qu'ils s'aimaient. Ce fut donc ce refus d'accepter le bras de Georges qui trahit madame de Norbert ; ce fut ce refus qui amena cette rupture ; ce fut cette rupture qui amena la perte de Félicie. L'instant où une femme se perd est quelquefois bien insaisissables. L'amour puissant est comme ces roues implacables qui attirent à elles et brisent jusqu'aux os le malheureux qui a laissé prendre un fil de son vêtement à leur aveugle mouvement. Quand il touche à une existence, il la dévore.

Pour la seconde fois monsieur P... s'était arrêté. Arrivé à ce qu'il appelait la perte de madame de Norbert, il semblait reculer devant son récit. C'était un passage difficile à franchir à ce qu'il semblait, ou peut-être allions-nous arriver à quelque chose de si nouveau et de si soudain, que notre hôte nous en faisait soigneusement explorer les abords comme pour nous y préparer. On eût dit d'un guide qui mène des voyageurs à une haute et large cataracte, et qui prend mille détours pour montrer en passant les nombreuses sources cachées qui l'alimentent. A ce moment monsieur P... avait excité en nous une vive curiosité ; mais la curiosité est, à vrai dire, l'appétit de l'esprit, et, comme celui du corps, cet appétit arrive à un degré où il faut le satisfaire, sous peine de le voir se rebuter et ne plus trouver de goût à ce qu'on lui sert. Nous le priâmes donc instamment de continuer. Alors monsieur P... sembla prendre un grand parti, et, s'accoudant sur la table, il lança d'une voix formidable les premiers mots de son récit.

Or donc ils s'aimaient.

Puis il reprit après un gros soupir :

Ils s'aimaient et ils le savaient, et cependant cet amour resta innocent. Vous imaginez-vous un homme comme Georges, heureux de penser qu'il y avait au monde un cœur qui s'occupait de lui, ne demandant rien au-delà, satisfait d'un regard, d'un signe, d'un sourire. C'est que le cœur a de ces certaines plantes ; il leur faut un printemps bien dur et une jeunesse bien dépravée pour détruire entièrement les fleurs qu'ils portent en eux. Elles peuvent y dormir longtemps sous l'influence des jours de pluie et de vent et des nuits de jeu et d'orgie ; mais qu'un soleil arrive et qu'un amour se lève, et tout aussitôt on les voit éclore aussi jeunes, aussi fraîches, aussi printanières dans une saison plus avancée que dans le temps où elles ont coutume de briller. Sans doute, c'est un doux bonheur quand on commence la vie, que d'aimer avec l'ardeur et la timidité d'un cœur qui désire et qui craint à la fois. Oui, c'est un bonheur, que cet ignorant amour, pareil au sentiment de l'enfant longtemps captif à qui l'on ouvre la porte, et qui court devant lui tout joyeux de se sentir libre, et puis s'arrête en tremblant de s'égarer. Mais c'est une félicité que je ne saurais vous exprimer que celle d'un homme qui, après avoir expérimenté les plus ardentes passions, se trouve tout à coup le cœur arrêté dans un de ces amours sans combats fougueux, sans desseins violens, où son âme se baigne et se rafraîchit. Avoir vi des femmes, s'être donné pour but de tromper celle-ci ou de posséder celle-là ; avoir éprouvé la force de sa séduction et de sa volonté, et puis tout à coup se laisser séduire et se laisser soumettre ; éprouver à l'aspect lointain de celle qu'on aime plus de trouble qu'aucun désir ne vous en a donné ; la respecter assez pour ne pas s'irriter de son empire ; ne l'aimer que parce qu'on l'aime et non parce qu'on la dispute au monde ou à la vertu ; après avoir promené aux yeux de tous des amours éclatans et éhontés, cacher soigneusement son nouvel amour, l'abriter dans le sanctuaire de son cœur comme un ange céleste qu'un regard mortel souillerait ; goûter l'ivresse ineffable où la pureté de cette atmosphère transparente jette notre âme, après avoir épuisé l'ivresse turbulente que donne à nos sens l'air épais et embrasé des orgies ; rêver en silence quand on délirait à grands cris, aimer quand on n'avait fait que jouir, voilà, vous dis-je, une félicité admirable, car celui qui l'éprouve l'apprécie. Le jeune homme de vingt ans fait de son amour ce qu'il fait de son patrimoine ; s'il est né riche, il les gaspille niaisement l'un et l'autre sans en connaître le prix. L'homme de trente ans qui se croit blasé et qui devient amoureux, c'est le pauvre qui fait fortune ; tout lui est beau, tout lui est doux, tout lui est bon. Quant à Félicie, elle marchait en aveugle dans la nouvelle voie qu'elle s'était faite ; c'était mal, elle le faisait mal, mais son cœur parlait à un cœur, sa vie occupait une autre vie et en était occupée ; une espérance s'asseyait tous les jours au bord de sa route : c'était de le rencontrer le soir dans un salon où tous deux étaient admis, d'échanger un mot avec lui, ou de l'apercevoir de loin au spectacle, ou bien encore d'être sûre qu'il serait sur son passage si elle allait dans un endroit où il ne pût venir ; ou si elle ne sortait pas, elle savait bien qu'à neuf heures elle n'avait qu'à écarter le bord de son rideau pour voir qu'un homme, enveloppé de son manteau, passait juste à cette heure sous sa fenêtre. Cet homme, c'était Georges, et Georges vivait ainsi, n'ayant aucune espérance, lorsqu'il fut tout à coup arraché à cette quiétude par une lettre de Florise, lettre assez cavalière, et qui le priait de passer chez elle pour affaires. Il n'y répondit point, et n'alla point au rendez-vous. Le surlendemain il reçut un nouveau message, et celui-ci remit en mouvement toutes les violences endormies au fond du cœur de Georges. Ce message était ainsi conçu :

« Monsieur Georges de Labardès,

» Faudra-t-il que j'écrive à madame de Norbert pour la prier de vouloir bien vous permettre de venir chez moi ? »

A la lecture de cette lettre, Georges resta comme anéanti. On savait son secret, et qui le savait ? une fille perdue, qui le menaçait de traiter madame de Norbert comme une rivale de sa sorte. Sa vie et celle de Félicie étaient dans les mains d'une femme pour qui le scandale n'était qu'un attrait de plus ajouté à la vengeance. Le coup que Florise venait de lui porter était si soudain et si juste, qu'il lui semblait qu'une voix toute puissante avait crié la vérité à son oreille, et il frémissait comme si cette voix avait pu être entendue au loin. Alors il voulut courir chez Florise pour l'interroger et savoir d'elle qui l'avait instruite ; puis il s'arrêta indigné à l'idée d'obéir à cette fille et d'aller chez elle ; c'était lui dire qu'il avait peur, c'était s'exposer à aller entendre profaner par une bouche impure le nom qui lui était sacré ; c'était s'exposer à voir railler et insulter la femme noble et sainte qui s'appelait madame de Norbert, par la fille qui s'appelait Florise, sans pouvoir la faire taire. En effet, la courtisane reste femme, et parce qu'elle est femme et qu'elle n'a plus rien à perdre de son honneur, elle peut impunément calomnier et outrager l'honneur d'une autre femme, et rien ne peut la réduire au silence : elle est femme, et dans nos mœurs il n'est pas permis de la souffleter comme pour rendre sa vie responsable de ses paroles, ni de la frapper comme une esclave pour obtenir de sa douleur ce qu'on ne peut espérer de son honnêteté. Et comme Georges pensait à tout cela en contenant mal les mouvemens tumultueux de rage qu'il éprouvait, la chambrière qui lui avait remis le billet lui dit avec effronterie.

— Eh bien ! monsieur, dirai-je à madame que vous viendrez ?

— Non ! s'écria Georges avec empressement, je n'irai pas... je la briserais sous mes pieds ; je la tuerais si j'y allais.

La femme de chambre se retira, et Georges demeura seul en proie à la plus violente agitation qu'il eût encore éprouvée. Pour la première fois de sa vie, il se trouvait impuissant devant une menace. Pour la première fois il demeura indécis devant un parti à prendre. Irait-il chez Florise ? Et s'il y allait, qu'irait-il y faire ? La prier : la prier d'épargner madame de Norbert ; implorer la clémence du vice pour la vertu ? La menacer : la menacer de quoi ? Quelle arme un homme a-t-il contre l'infamie d'une femme ? Mais s'il n'y allait pas, Florise était capable d'écrire véritablement à madame de Norbert ; et pouvait-il, lui, laisser arriver cette injure à Félicie, et ne devait-il pas la garantir de cette humiliation au prix de toutes les humiliations qu'il pourrait avoir à subir ? Parce qu'elle avait jeté un regard d'amour sur lui, et que ce rayon de flamme pure avait été le chercher et l'éclairer dans le désordre de sa vie, fallait-il qu'il souffrît que la fange où il avait trempé vînt salir la robe intacte de l'ange qu'il suivait ? Cela était impossible ; il le sentait, il se résignait, il était prêt à courir chez Florise. Puis son orgueil l'arrêtait tout à coup, ses perplexités le reprenaient ; céder, c'était avouer et donner à Florise une certitude qu'elle n'avait peut-être pas. Enfin il se calma et il se demanda ce qu'il eût fait si Florise, au lieu de parler de madame de Norbert dans sa lettre, eût nommé toute autre femme. Il eût été chez cette femme, et après beaucoup d'excuses bien humbles, il lui eût dit en riant qu'il l'avait exposée à une impertinence dont il venait l'avertir pour qu'elle ne l'en crût pas complice. Il eût entouré cet aveu de tous les respects sincères et de toutes les galanteries banales. Il lui eût appris comment on avait supposé qu'il éprouvait pour elle un amour qu'elle était si bien faite pour inspirer, mais que sa haute vertu avait dû prévenir. Il se serait soumis franchement à tous les reproches ou à toutes les railleries ; puis, au bout de tout cela, si cette femme n'avait pas eu la bonne grâce de rire de l'aventure et avait fait de l'indignation, il se serait retiré fort peu soucieux de sa colère, et l'eût volontiers acceptée pour ennemie. Mais il ne pouvait pas tenir ce langage léger à Félicie, et sa colère ne pouvait le trouver insouciant. Et puis serait-ce donc de la colère qu'elle éprouverait ? Quand la menace d'un tel outrage la torturait si violemment parce qu'elle avait frappé juste, l'outrage lui-même ne jetterait-il pas la honte et le désespoir dans une âme qu'elle atteindrait avec non moins de vérité ? De quelle surprise, de quel effroi, de quelle douleur serait saisie cette femme si noble et si naïve, qui se verrait enlever par une main grossière et impudique le voile dont elle était enveloppée ! Et en présence de tout cela, que faire ? que décider ? Jamais Georges n'avait été si malheureux. Il exposait une femme à un danger sans pouvoir la défendre ; et pour comble de rage, c'était un danger, un danger honteux, résultat de la honte de son passé dont elle n'était pas complice. Jamais homme ne fut plus rudement châtié de ses folies.

Ce fut alors qu'après bien des hésitations, Georges se

résolut à agir franchement vis-à-vis madame de Norbert, en la prévenant de l'insulte dont on la menaçait, décidé, s'il le fallait, à la voir se détourner de lui qui traînait à sa suite les ignobles conséquences d'une vie de débauche, mais ne voulant du moins qu'elle pût lui reprocher de ne pas avoir avoué qu'il était indigne d'elle.

Il devait la rencontrer précisément ce soir-là ; il remit à cette heure le moment d'une explication. Il était huit heures quand monsieur de Labardès entra dans le salon du préfet, où se trouvait déjà madame de Norbert. A partir de cet instant, les événemens de cette soirée furent si rapides qu'il est bon de préciser chaque minute. Georges devina de l'extrémité d'un salon à l'autre qu'il avait attendu trop tard. Madame de Norbert, appuyée et penchée sur le bras d'un fauteuil, écoutait avec une complaisance éclatante une petite oraison de son mari. Elle ne le quitta point des yeux, elle ne rencontra pas le regard de Georges, elle ne joua pas avec les légères boucles de ses cheveux pour lui dire sans le regarder : Je sais que vous êtes là. Le cercle se rompit, monsieur de Norbert s'éloigna ; mais Georges ne put approcher. Quelques femmes allaient et venaient d'un salon à l'autre ; mais Félicie, immobile à sa place, retenant auprès d'elle un groupe d'hommes avec une coquetterie qui semblait lui être née tout à coup, Félicie restait inabordable. Labardès, fixé à la porte du salon par où elle devait sortir, la regardait sans pouvoir atteindre un de ses regards. Il supporta une heure entière ce supplice ; enfin il se décida, il approcha de Félicie, il la salua et lui dit audacieusement en lui offrant son bras :

— Monsieur de Norbert, qui est à une bouillote dans le petit salon, m'a prié de vous dire qu'il désirait vous parler.

Évidemment c'était un mensonge, Georges n'avait pas été dans le petit salon.

Madame de Norbert lui répondit gracieusement :

— Veuillez donc être assez bon pour aller lui dire que je vais me rendre près de lui.

Puis elle se détourna comme pour reprendre la conversation avec une autre personne.

Mais, avant qu'elle eût parlé, Georges lui dit rapidement et à voix basse :

— Il faut que vous me permettiez de vous écrire.

Félicie ne bougea pas, mais elle repartit en regardant indifféremment le bout de ses ongles rosés :

— Pour que je vous fasse une réponse que vous enverrez à mademoiselle Florise ?

— Moi ! repartit Georges avec effroi, moi ! et vous avez pu croire...

— Je crois que vous êtes un infâme ! dit madame de Norbert en se levant et en regardant Georges pour la première fois, mais avec une si haute expression de mépris et de dégoût qu'il en fut terrassé. Puis elle chercha son mari et demeura près de lui silencieuse et abattue ; car elle avait épuisé tout son courage dans ce dernier effort, et un étrange effroi l'avait prise à son tour au moment où Georges avait relevé sa tête pâle et contractée par la rage, pour lui dire :

— Adieu donc, madame.

Et il était sorti, et il n'était plus dans le salon. Et elle se demanda où il était allé et si elle n'avait pas été bien imprudente en lançant une si mortelle injure au cœur d'un homme si rempli de violences. N'avait-elle pas été plus qu'imprudente ? n'avait-elle pas été cruelle ? Puis, lorsque n'écoutant que l'amour invincible qu'elle avait pour Georges, elle en arrivait à ce mot, toute sa fierté se révoltant, elle se rappelait un à un chaque mot de la lettre insolente que Florise lui avait écrite ; car Florise lui avait écrit. En vous citant les premières phrases de cette lettre, je vous ferai juger suffisamment ce qu'elle avait dû causer d'indignation à madame de Norbert : elle commençait ainsi :

« Madame,

» Il est permis d'enlever un amant à une rivale ; c'est un métier auquel les honnêtes femmes comme vous sont fort habiles ; mais lui défendre d'être poli pour une ancienne amie serait de trop mauvais goût pour que je vous en croie capable, surtout vis-à-vis de moi qui ai gardé jusqu'à présent le secret sur une liaison aussi charmante ; dites-lui qu'il me vienne voir, etc... »

Au souvenir de cette lettre, Félicie reprenait toute sa colère, tout son désespoir, tout son mépris pour Georges ; elle ne tremblait plus pour lui ; elle craignait même de n'avoir pas humilié assez cet orgueil débauché qu'elle avait laissé approcher d'elle ; elle pensait n'avoir pas assez fait sentir son mépris pour la lâcheté de cet homme, qui, sans doute avait raconté en termes formels cette intelligence ineffable de deux âmes, et qui avait donné un nom sur la terre à un amour demeuré jusque-là dans le ciel. Et c'est alors que Félicie souffrait le plus ; car c'était alors qu'elle se disait qu'elle ne pouvait plus aimer Georges, et c'était là son plus puissant désespoir. Ce fut ainsi qu'elle passa cette soirée, qu'elle abrégea sous prétexte d'indisposition ; et vers onze heures, deux heures après le départ de Georges, elle rentrait chez elle.

Comme elle montait l'escalier, elle entendit une espèce de discussion à l'étage supérieur, et reconnut la voix d'un de ses domestiques disant avec impatience :

— Je vous dis que monsieur n'y est pas : d'ailleurs, ce n'est pas ici qu'il faut venir ; allez chez le commissaire de police.

— Qu'y a-t-il ? dit monsieur de Norbert qui était monté rapidement au bruit de cette discussion.

— Il y a, répondit une voix de femme, que ma maîtresse vient d'être assassinée !

— Assassinée ! s'écria monsieur de Norbert ; quelle est donc votre maîtresse ?

— Mademoiselle Florise, du Grand-Théâtre.

— Assassinée ! et par qui ?

— Par monsieur Georges de Labardès.

A ce moment, Félicie arrivait sur le palier. Son mari la regarda avec un air de stupéfaction, et répéta lentement :

— Comprenez-vous quelque chose à cela ? Florise assassinée par monsieur de Labardès ! C'est impossible ; il était ce soir chez le préfet ; il vous a parlé, ce me semble.

— C'est à l'instant, dit la femme de chambre ; c'est il y a une demi-heure qu'il l'a jetée par la fenêtre.

— Jetée par la fenêtre ! reprit monsieur de Norbert ; et elle est morte ?

— Pas encore, mais elle ne peut plus parler : elle est sans connaissance.

— Mais c'est incompréhensible, reprit monsieur de Norbert ; entrez, mademoiselle, et tâchez d'être plus calme.

En disant cela, monsieur de Norbert entra dans son appartement en ordonnant au domestique de l'éclairer jusque dans son cabinet, où la femme de chambre le suivit. Quant à Félicie, elle était restée immobile, sans force, sans intelligence précise de ce qu'elle venait d'entendre. Son mari avait pensé, sans doute, qu'elle allait entrer dans son appartement, ou plutôt, dans la surprise que lui causait une telle révélation, il avait oublié de s'occuper d'elle. Le domestique lui-même avait suivi son maître sans regarder si sa maîtresse le suivait. Elle était donc restée dans l'obscurité. Elle me l'a cent fois conté : il se passa en ce moment en elle une de ces sensations pareilles à celles qu'occasionnent une lourde chute ou un coup violent frappé à la tête. C'était une douleur confuse qui tenait du vertige. Ses idées tournaient autour d'elle, comme autour de l'homme tombé les objets qu'il n'aperçoit qu'à peine, qu'il croit à la portée de sa main, et auxquels il cherche à s'accrocher sans pouvoir les atteindre. Elle fut arrachée à cette atonie douloureuse par la voix de sa femme de chambre, qui passait dans l'antichambre en disant au domestique :

— Est-ce que madame est dans le cabinet de monsieur ?

A ce moment, cette fille aperçut la porte de l'appartement restée ouverte ; elle vit sa maîtresse et courut vers elle, et presqu'aussitôt, épouvantée de sa pâleur, elle se mit à crier :

— Ah ! mon Dieu, madame qui se trouve mal !

— Non, dit Félicie en se relevant ; non !

Et elle entra ; sa femme de chambre la suivit. Félicie, revenue de cet état de torpeur immobile, fut prise d'un violent tremblement nerveux ; ses dents claquaient, ses yeux étaient égarés.

— Au fait, dit la femme de chambre, il y a de quoi renverser d'apprendre une nouvelle comme ça. Un si beau jeune homme ! Il est vrai qu'il n'a pas une bien bonne réputation.

Et en parlant ainsi, elle déshabilla sa maîtresse ; et Félicie, ressaisissant quelques pensées, commençait à se rendre compte de l'affreuse nouvelle qu'elle venait d'apprendre, lorsque la femme de chambre reprit tout à coup :

— Ce qu'il y a de drôle, madame, c'est que le domestique ma dit que cette femme, qui est maintenant dans le cabinet de monsieur, est la même qui est venue ce matin apporter la lettre que j'ai remise à madame.

Cette nouvelle, qui n'avait rien de bien surprenant pour Félicie elle-même, sembla la frapper d'une clarté soudaine. Elle rallia pour ainsi dire à un point commun toutes les pensées éparses qui allaient et venaient dans sa tête. Et il en résulta ce raisonnement qui se formula tout d'un coup depuis son principe jusqu'à sa dernière conséquence.

Georges a abandonné Florise pour moi ; elle a voulu se venger de son abandon, elle m'a écrit pour m'outrager ; c'est lui que j'en ai rendu responsable ; il a voulu la punir de cette infamie, et égaré de sa douleur et de sa rage, il l'a tuée ; il l'a tuée pour moi.

Ce raisonnement, comme je vous l'ai dit, traversa sa tête, lumineux et rapide comme un éclair, et elle fut si persuadée qu'elle s'écria involontairement :

— Oh ! c'est cela !

— Quoi donc ? dit la femme de chambre.

Madame de Norbert, incapable de cacher son trouble, allait peut-être laisser échapper quelques paroles imprudentes, lorsque son mari parut. Il s'approcha d'elle, fort ému lui-même, et lui dit :

— Il me semble impossible de douter de la réalité de ce crime. Il paraîtrait que monsieur de Labardès, après une violente querelle avec Florise, l'aurait précipitée par la fenêtre, car la servante est entrée dans la chambre presque aussitôt que monsieur de Labardès en a été sorti ; elle a trouvé la fenêtre ouverte, la chambre déserte ; alors elle a regardé par la croisée, et a vu sa maîtresse gisant sur le pavé. Du reste, elle m'a dit une chose assez extraordinaire : c'est que votre nom avait été prononcé dans cette querelle.

— Mon nom ? reprit Félicie.

— Le vôtre ou le mien, le nom de Norbert enfin, reprit son mari sans s'émouvoir. C'est une sotte affaire, et qui m'ennuie plus que vous ne sauriez croire.

En disant cela, monsieur de Norbert mit ses gants et son chapeau.

— Et où allez-vous maintenant ? lui dit Félicie, si dominée par sa stupéfaction qu'elle semblait calme.

— Interroger cette malheureuse, si c'est possible, répondit monsieur de Norbert en sortant de la chambre.

A l'instant un domestique parut.

— Pardon, dit-il, si j'entre chez madame, mais je viens avertir monsieur que son secrétaire est levé.

— C'est bien, fit monsieur de Norbert ; allez porter cette lettre au commissaire de police et dites-lui de se faire accompagner.

— Et pourquoi faire ? demanda encore Félicie.

— Pour arrêter monsieur de Labardès si on le trouve encore chez lui.

Et il sortit.

— L'arrêter ! répéta madame de Norbert en elle-même, en tombant sur une chaise ; et sa pensée, partant de ce nouveau mot, en suivit encore les conséquences nécessaires, et elle arriva pour conclusion à l'échafaud où Georges expierait le crime de l'avoir aimée.

Voilà ce que fut un moment pour Félicie l'histoire de cet amour qui n'avait pas été pour ainsi dire, et qui cependant avait déjà fait une victime, et qui allait en sacrifier deux autres.

Si ceux qui ont passé par de telles angoisses ont peine à retrouver plus tard les pensées qui les ont dominés, les raisons qui les ont fait agir, il m'est sans doute bien impossible de vous dire tout ce qui s'agita dans le cœur de Félicie, dans la minute qui s'écoula entre la sortie de monsieur de Norbert et celle de sa femme ; car Félicie avait quitté sa maison une minute après son mari, et dix minutes après elle frappait à la porte cochère de monsieur de Labardès le père, où demeurait Georges.

Lorsque Félicie frappa à la porte de monsieur de Labardès, elle n'avait encore vu qu'un sens de l'action inouïe qu'elle faisait. Elle avait supposé que Georges s'était rendu coupable pour elle, et en retour, elle lui apportait le salut, ou du moins un avertissement qui devait le faire échapper au châtiment en déterminant sa fuite. Elle demanda donc monsieur Georges de Labardès ; le concierge lui indiqua une des ailes de l'hôtel, et elle y entra, toujours dominée par la même pensée. Mais lorsqu'elle s'adressa au valet de chambre et que celui-ci lui demanda son nom, elle fut tout à coup éveillée de sa préoccupation ; car la réponse directe à une pareille question eût dit que madame de Norbert venait au milieu de la nuit chez monsieur de Labardès. L'impression que Félicie reçut de ce petit incident fut si vive, qu'elle fut sur le point de se retirer ; mais alors il fallait laisser périr Georges, et au compte de Félicie, encore une minute et elle le sauvait. D'ailleurs, se dit-elle, cette minute n'ajoutait rien à l'imprudence de cette démarche. Comme si cette minute n'apportait pas à Georges un éclatant aveu de l'amour qu'il inspirait, comme si cette minute ne pouvait pas aussi donner au malheur le temps d'arriver ! Que de fois un boulet passe à l'endroit qu'un général a quitté deux minutes avant ! Cet instant fut encore un de ceux où se décide le destin de toute une vie. Félicie, emportée par son remords qui n'était que de l'amour, car c'était cet amour qui causait son remords en lui faisant croire à sa complicité dans le crime de Georges, Félicie lui répondit :

— Dites-lui que c'est une dame qui désire lui parler à l'instant et seulement une minute.

Le domestique la laissa pour entrer dans une pièce où elle entendit sa voix, et bientôt celle de Georges répondant avec emportement :

— Je ne veux pas... je ne veux recevoir personne.

Félicie n'était pas une de ces âmes qui font de faciles transactions avec elles-mêmes. Beaucoup de femmes emportées comme elle par un premier mouvement de passion, puis averties comme elle de leur folie, se seraient retirées en se disant : J'ai tout fait pour le sauver ; ce n'est pas ma faute si je n'ai pas réussi. Au contraire de cette lâcheté, Félicie trouva un nouveau courage dans un danger qui semblait devenir plus pressant, et ouvrant rapidement la porte de la chambre où elle avait entendu la voix de Georges, elle entra en disant :

— C'est moi !

— Vous ! s'écria Georges, si stupéfait de la présence de madame de Norbert, qu'il n'en éprouva ni joie ni terreur ; aucun sentiment n'eût pu trouver place dans son cœur à côté d'une si grande surprise. Madame de Norbert chez lui était un événement qui dépassait le possible. Cependant, Félicie lui montrant le valet qui les considérait d'un air ébahi, Georges lui fit signe de se retirer, et s'avançant vers Félicie, il lui dit d'un ton où se montra quelque inquiétude :

— Qui vous amène chez moi, madame ?

Félicie ne répondit pas d'abord ; elle sembla écouter si le valet était éloigné, puis elle repartit à voix basse :

— Écoutez ! je n'ai qu'un mot à vous dire ; votre crime est découvert ; fuyez, vous n'avez pas un instant à perdre ;

l'ordre de vous arrêter vient d'être donné à l'instant même.

— De m'arrêter, moi, et pourquoi? Quel est ce crime dont vous parlez?

Une vive rougeur succéda à la pâleur répandue sur son visage; et la honte, l'indignation d'avoir été mêlé à l'intrigue de Georges et de Florise la prenant au cœur, elle reprit :

— Ah! ne me forcez pas à vous le dire, car je ne sais si je ne me repentirais pas d'avoir voulu vous sauver; mais j'ai fait ce que ma conscience m'a ordonné, c'est à vous de prendre un parti.

En disant ces paroles, elle se dirigea vers la porte, mais Georges la devança, et l'arrêtant avec une autorité que son respect contenait mal, il lui dit :

— Pardon, madame, ou quelque affreux évènement vous trompe, ou moi-même j'ai perdu la raison.

Félicie le regarda alors avec colère, et lui dit :

— Avez-vous donc oublié d'où vous sortez?

A ce mot, Georges pâlit, et madame de Norbert se méprenant sur le sentiment qui le dominait, fit encore un pas pour sortir; mais Georges l'arrêtant encore, lui dit :

— Lorsque je vous aurai expliqué ce qui est arrivé, vous me pardonnerez.

Félicie se recula avec dégoût et s'écria :

— Prenez garde, monsieur, ce n'est pas de mon pardon que vous avez besoin, c'est de celui de vos juges.

— Je n'en veux qu'un, madame, et c'est de vous! lui dit Georges avec impétuosité. Écoutez, écoutez-moi, ajouta-t-il avec une force qui épouvanta madame de Norbert. Florise m'a écrit ce matin d'aller la voir, en me menaçant de vous écrire si je n'y allais pas. J'ai méprisé cette menace, et elle l'a accomplie; l'accueil que vous m'avez fait ce soir me l'a appris. C'est alors qu'exaspéré par la colère et par la douleur, je suis allé chez Florise; c'est alors...

— Et c'est alors, malheureux, s'écria madame de Norbert, que vous l'avez assassinée!

— Assassinée! s'écria Georges. Moi, j'ai assassiné Florise!

— N'est-ce pas vrai? reprit Félicie. Et cependant voilà ce qui est arrivé ce soir.

Et elle lui raconta la venue de la femme de chambre, le récit qu'elle avait fait et qui lui avait été rapporté par son mari; puis comment monsieur de Norbert était parti pour aller interroger Florise, puis comment il avait donné l'ordre de faire arrêter monsieur de Labardès.

Vous dire ce que ces révélations firent passer de pensées tumultueuses dans la tête de Georges me serait impossible; mais son premier mot, après un moment d'anéantissement, fut celui-ci :

— Oh! nous sommes perdus! Si elle n'est pas morte, nous sommes perdus, elle dira tout!

Depuis le commencement de cette scène, chacun des interlocuteurs répondait plutôt au sens que ses préoccupations prêtaient aux paroles de l'autre, qu'à ce qu'elles signifiaient véritablement. Et à ce mot : elle dira tout, madame de Norbert reprit :

— Vous êtes donc coupable?

— Coupable! reprit Georges en se relevant avec une noble fierté; coupable envers vous, je le suis, non de ce que j'ai fait, car je vous ai aimée saintement, mais de ce que j'ai été, car mon amour vous a salie. Mais envers cette femme, je vous le jure, madame, je ne suis point coupable, je n'ai pas touché son corps du bout de mon doigt, quoique j'aie peut-être assez brisé son orgueil et son amour pour la pousser à un suicide.

— A un suicide, répliqua lentement Félicie; est-ce la vérité?

— En doutez-vous? s'écria Georges.

— Oh! reprit-elle avec exaltation, que sais-je? Dieu m'est témoin que je voudrais qu'il en fût ainsi, et cependant le récit de cette femme... Il vous faudra d'autres preuves devant les tribunaux.

— Dites-moi qu'elles vous suffisent, c'est tout ce que je souhaite.

A l'idée de Georges innocent, la passion de Félicie s'était fait jour, et son amour avait parlé dans cet appel au témoignage de Dieu; mais lorsque Georges lui demanda de reconnaître cette innocence, elle comprit que c'était un aveu qu'elle allait faire, et, reprenant sa dignité, elle répliqua :

— Les hommes sont justes; leur jugement dictera le mien.

— Oh! madame, repartit Georges amèrement, voilà tout ce que vous avez à me dire?

— Tout.

Et Félicie fit encore un pas pour se retirer; mais Georges, dominé par une pensée soudaine et violente, s'écria, en se plaçant devant la porte et en poussant le verrou :

— Les hommes sont justes, dites-vous? Eh bien! madame, je vais vous dire ce que c'est que la justice des hommes. Madame de Norbert, une femme noble, pure, sainte, vertueuse, innocente; madame de Norbert, poussée par la commisération, est venue chez monsieur Georges de Labardès, le libertin, le joueur, le duelliste. Je suppose qu'il prenne fantaisie à monsieur de Labardès de fermer sa porte et d'empêcher madame de Norbert de sortir de chez lui, et que les magistrats qui vont venir pour arrêter le coupable la trouvent dans cette chambre, ils diront que madame de Norbert n'a que l'hypocrisie de la vertu, et qu'elle est venue pour sauver son amant.

— Son amant! reprit Félicie avec effroi.

— A quel autre titre croyez-vous donc, madame, que ces hommes si justes penseront que j'ai mérité le sentiment qui vous a amenée ici.

— Je vous estime encore assez pour croire que vous les détromperez.

— Vous ne m'estimez pas assez pour me croire, vous, incapable du meurtre d'une femme!

— Eh bien! soit, monsieur, je veux croire que vous êtes innocent, reprit Félicie, nous n'avons plus rien à nous dire.

— Plus rien?

— Plus rien, repartit froidement madame de Norbert, et je vous ferai observer, monsieur, que retarder un moment de plus ma sortie, après le danger que vous m'avez montré, serait un crime plus lâche que l'assassinat : il ne vous resterait plus, après avoir tué la vie d'une femme, que de tuer l'honneur d'une autre.

— Ah! s'écria Georges avec rage, vous croyez donc que je l'ai tuée?

— Non, monsieur, je crois ce que vous m'avez dit, que vous l'avez poussée au suicide. A quoi voulez-vous me pousser, moi, en me retenant ici?

— Félicie, dit Georges avec désespoir, pardonnez-moi avant de partir!

— Il y a une femme qui n'a pas survécu à votre amour; je vous avertis qu'il en est une qui ne survivra pas à son honneur. Voulez-vous commettre deux suicides en un jour?

Georges appuya avec force sa main sur son front comme pour contenir la violence qui était en lui, et, ouvrant la porte, il dit d'une voix étouffée :

— Adieu donc, madame.

Au moment où la porte s'ouvrait, Georges et Félicie se trouvaient en face de deux personnes : c'étaient monsieur de Norbert et monsieur de Labardès le père.

A cet aspect, Félicie poussa un cri effrayant, et, saisie d'une terreur et d'un vertige inouïs, elle se précipita hors de l'appartement, traversa la cour, passa la porte qui était ouverte, et s'élança dans la rue. Georges, demeuré sous l'impression des dernières paroles de Félicie, la poursuivit aussitôt, après avoir crié à monsieur de Norbert :

— Elle est innocente, monsieur; vous saurez tout.

Cela fut si rapide, que monsieur de Labardès ni monsieur de Norbert ne purent faire un mouvement pour prévenir cette fuite. Demeurés seuls, ils se regardèrent un moment en silence, et monsieur de Labardès dit gravement à monsieur de Norbert :

— Je ne sais, monsieur, ce que j'avais à faire ici, et je ne sais pourquoi vous m'y avez amené.

Monsieur de Norbert lui répondit, avec le même ton de gravité, quoique sa voix fût altérée et que son visage fût couvert d'une mortelle pâleur.

— C'est que c'était le magistrat et non le mari qui était venu chez monsieur de Labardès, et il y a une explication que je vous dois d'abord.

— Et vous m'obligerez de me la donner ; car lorsqu'on est venu me dire que ma maison était envahie par des gens de la police qui demandaient mon fils, je suis descendu pour savoir quel crime on avait à lui reprocher.

— Aucun, monsieur, reprit froidement monsieur de Norbert, aucun... devant la loi humaine du moins. Voici ce qui a amené cet événement.

Alors il raconta à monsieur de Labardès le père ce que nous avons déjà dit de la dénonciation de la femme de chambre, et des ordres qu'il avait cru devoir donner en vertu de cette dénonciation ; puis, il ajouta :

— Arrivé chez Florise, qui avait repris connaissance, j'appris de sa bouche que c'était elle-même qui, dans un premier transport de désespoir, s'était précipitée par la fenêtre. Je n'ai pu lui arracher d'autre aveu. Cependant, on allait procéder à l'arrestation de monsieur Georges de Labardès ; j'ai compris tout ce qu'un pareil acte pouvait avoir d'odieux et d'outrageant pour un homme de son nom, et je suis accouru moi-même pour en arrêter l'exécution. C'est alors, monsieur, que je vous ai rencontré dans la cour ; c'est alors que je vous ai prié de vouloir bien passer avec moi chez monsieur votre fils, pour vous expliquer ma conduite à tous deux, et vous offrir mes excuses d'une esclandre bien involontaire ; c'est alors...

Ici monsieur de Norbert s'arrêta, et monsieur de Labardès, qui l'avait regardé avec attention jusqu'à ce moment, baissa les yeux et garda le silence ; puis, après un moment d'hésitation, il dit :

— Vous avez fait votre devoir de magistrat.

— Et je ferai mon devoir de mari, reprit monsieur de Norbert. Il salua froidement monsieur de Labardès et se retira.

Monsieur P... s'arrêta un moment comme un homme qui a déchargé son cœur d'un lourd fardeau, et alors il se mit à nous regarder, puis il nous dit :

— N'est-ce pas là ce qu'on peut appeler une fatalité inouïe : une femme innocente qu'un hasard déplorable vient perdre, lorsqu'il y a tant de hasards qui couvrent les fautes des plus coupables !

— Sans doute, sans doute, reprit ma jolie voisine, mais qu'était devenue madame de Norbert pendant ce temps ?

— Elle était devenue folle, folle en ce sens qu'elle oublia un moment les principes de religion qu'elle portait en son cœur, et qu'elle voulut accomplir à son tour la menace qu'elle avait faite à Georges. En effet, celui-ci, arrivé à la porte de madame de Norbert, aperçut Félicie au bas de la rue, courant avec rapidité. Cette rue aboutit à la place de la Bourse, et la place de la Bourse borde la Garonne ; il s'élança de tout son essor en appelant avec désespoir, mais il parut que ses cris ne firent qu'accroître la violence de la résolution de Félicie, car elle sembla fuir avec plus de rapidité. Georges la vit traverser le quai, et il arrivait à peine à une extrémité, qu'il vit disparaître Félicie de l'autre côté, derrière le quai qui plonge dans le fleuve.

Lorsque Georges fut parvenu au bord du quai, il regarda avec épouvante devant lui. Le fleuve était calme et uni ; refermé sur sa proie engloutie, il ne montrait pas où il l'avait entraînée. Georges allait se précipiter au hasard dans la Garonne pour parcourir l'abîme, lorsqu'il vit un léger bouillonnement à une assez grande distance. Il s'élança aussitôt et nagea avec rapidité vers cet endroit ; mais le fleuve marchait, tout était redevenu calme ; il regarda encore, mais il n'avait plus rien pour le guider.

Cependant il suivit le courant, plongeant de temps à autre, mais toujours sans succès. Le désespoir s'emparait de lui, il s'arrêta ; perdu sur cette immense nappe d'eau où chaque instant de retard pouvait donner la mort à celle qu'il voulait sauver, il se demandait déjà s'il ne devait pas expier le mal qu'il avait fait en s'abandonnant à ces ondes qui l'emporteraient aussi, et qui lui épargneraient la honte d'une vie qui avait coûté celle de deux femmes. Mais Georges ne pouvait avoir longtemps de telles pensées ; il avait une confiance puissante dans l'avenir et la force de sa destinée, qui ne lui laissait pas croire qu'il dût périr ainsi misérablement, et qui lui persuada qu'il sauverait Félicie, puisqu'il lui fallait sa vie pour qu'il osât vivre. Ce fut cet instant d'hésitation qui décida du salut de l'infortunée. En effet, Georges l'avait dépassée, et s'il eût continué à nager avec la même vitesse, il eût perdu tout à fait sa trace. Au moment où il allait reprendre sa course, il sentit un corps frotter ses pieds, et plongeant aussitôt, il saisit un vêtement et ramena Félicie à la surface de l'eau. Il l'avait enfin trouvée, mais il fallait la conduire au rivage, et elle était inanimée. Il cherchait du regard de quel côté le trajet était le plus court, lorsqu'il aperçut un bateau qui descendait le fleuve ; il poussa quelques cris qui furent entendus et auxquels on répondit, et quelques minutes après, il avait déposé Félicie dans cette petite embarcation. Pendant qu'il lui donnait les premiers soins, le bateau continua à descendre la Garonne, et ils étaient déjà à quelque distance de la ville, lorsque les pêcheurs qui étaient venus à son aide lui demandèrent la cause de cet accident et le lieu où il voulait être déposé.

Au lieu de répondre, Labardès demanda à ces hommes où ils allaient, et ils lui dirent le nom d'un petit village près duquel se trouvait une ferme appartenant à son père. Georges réfléchit longtemps. Devait-il ramener Félicie à Bordeaux ? Mais où la déposer ? Chez lui, c'était la perdre tout à fait. Chez son mari ? voudrait-il la recevoir ? Et d'ailleurs, Georges laisserait-il au pouvoir d'un autre la femme qui lui appartenait bien plus parce qu'il l'avait perdue d'honneur que parce qu'il lui avait sauvé la vie ? Il se détermina donc à la mener dans la ferme de son père, et ayant fait taire les questions des pêcheurs en leur abandonnant quelques pièces d'or qu'il trouva sur lui, il aborda à quelque distance de la Viguerie. Ainsi s'appelait la ferme où il voulait se cacher.

Cependant Félicie, qui avait donné des signes certains de son retour à la vie, n'avait encore repris le sentiment ni de son existence, ni de ce qui se passait auprès d'elle. On la transporta dans la ferme, et ce ne fut que quelques heures après, et lorsque le jour commençait à poindre, qu'elle revint à elle. Georges, en voyant la pensée, cette vie de l'âme, renaître dans ses yeux éteints, avait fait éloigner tout le monde ; lui-même s'était caché derrière les rideaux du lit, pour ne pas la rejeter trop soudainement dans le désespoir. Il voulut lui laisser le temps de reprendre peu à peu la conscience de son malheur que son aspect lui eût dit trop vite, et il attendit.

Félicie promena ses regards autour d'elle, et comme si la pensée de son suicide fût la seule qui lui revînt à ce moment, elle dit d'une voix de prière :

— Qui m'a sauvée ?

— C'est moi, murmura Georges.

— Oh ! qui que vous soyez, merci ! répondit Félicie en tendant la main vers l'endroit où elle avait entendu la voix. Mais Georges s'étant montré, elle se recula violemment et elle s'écria avec horreur :

— Vous ! vous ! ô mon Dieu ! ajouta-t-elle en cachant sa tête dans ses mains, vous me deviez ce châtiment !

— Et vous remerciiez cependant un inconnu.

— Oh ! oui ! repartit Félicie ; oui ! un inconnu, le dernier des misérables qui m'eût sauvée, je lui eusse dit : Merci ! merci, non pas de m'avoir épargné un crime ; car ce que j'ai fait était un crime, le seul crime que j'aie commis, vous le savez, monsieur. Oh ! oui, je l'aurais remercié de m'avoir gardé des jours pour me repentir d'avoir voulu disposer de ma vie. Mais vous, vous, monsieur, mais je vous hais... mais je vous méprise, mais l'idée que c'est vous qui m'avez sauvée me pousserait à me tuer encore !

— Félicie ! Félicie ! s'écria Georges, écoutez-moi !

— Laissez-moi !... laissez-moi !... ou je me brise la tête contre les murs ! Oh ! vous ne me sauverez pas toujours, monsieur !

Georges courba la tête, et s'éloigna en disant :

— Je vous obéis.

Presque aussitôt une femme entra et s'assit auprès du lit. Félicie la regarda, et, comme cette femme ne paraissait pas vouloir lui parler, elle lui dit :

— Qui êtes-vous ?

— Je suis la mère Madel, je suis la nourrice de monsieur Georges.

— Où suis-je donc ?

— A la Viguerie, à la ferme de monsieur de Labardès.

— Qui m'y a transportée ?

— C'est monsieur Georges avec les mariniers qui vous ont trouvés tous deux au milieu de la rivière.

Félicie ne poussa pas plus loin ses questions, elle s'assit sur son séant et se mit à réfléchir. Alors elle reprit un à un tous ses souvenirs, elle retrouva tous les événemens de cette fatale soirée, sans pouvoir toutefois s'expliquer ce qui avait amené son mari chez monsieur de Labardès. La seule raison qu'elle en put trouver, c'est que Florise l'avait instruit de ce qu'elle supposait, et qu'il était venu en demander raison à Georges. Cependant, au milieu de tout ce chaos d'incertitudes et de pensées, elle se résolut à accomplir le projet qu'elle avait formé du premier moment qu'elle avait pu raisonner. Elle s'adressa donc à la femme qui était près d'elle, et lui dit :

— Mes habits doivent être secs ?

— Oui, madame.

— Vous allez me les donner.

Cette femme la regarda comme on ferait d'une folle, et sortit. Georges qui était demeuré à la porte reparut aussitôt.

— Encore vous ! s'écria l'infortunée.

— Félicie, il faut m'écouter.

— Je m'appelle madame de Norbert, monsieur ; je ne vous ai pas donné le droit de l'oublier.

— Eh bien ! madame, daignez m'écouter ; il le faut, je le veux : songez que vous ne sortirez pas d'ici sans que je sache où vous voulez aller, sans que je vous y accompagne.

— Puisque je ne suis libre qu'à cette condition, je vais vous le dire : je veux aller chez mon mari.

— Chez votre mari ?

— Voulez-vous m'y accompagner ?

— Mais, madame, songez aux excès auxquels il peut se livrer.

— Mon mari est un homme qui n'insulte pas les femmes et qui ne les tue pas ; et, d'ailleurs, si m'insultait, je l'ai mérité à ses yeux ; s'il me tuait, je l'en remercierais peut-être.

— Mais moi, pensez-vous que je le souffrirais ?

— Et que m'importe vous, monsieur ! Vous vivrez avec un remords de plus ; ou peut-être avec le renom d'une conquête de plus : vous êtes accoutumé à tout cela.

— Oh ! madame, vous êtes implacable !

— Je veux partir !

— Vous vous perdez !

— Je veux partir !

— Je vous le demande à genoux : écoutez-moi !

— Je veux partir, monsieur, je veux retourner chez mon mari, m'entendez-vous ?

— Eh bien ! soit madame ; mais permettez que je fasse venir une voiture, que je prenne les précautions nécessaires.

— Je n'ai besoin de rien.

Georges s'arrêta avant de quitter la chambre, et, regardant Félicie, il lui dit :

— Ecoutez, Félicie, pour vous je souffrirai tout, de vous je souffrirai tout ; mais dites bien à monsieur de Norbert que s'il ne vous honore pas et s'il ne vous respecte pas comme il le doit, il me paiera de sa vie la moindre menace, la moindre injure.

Comme il achevait cette phrase, la fermière entra en disant, assez haut pour que Félicie l'entendît :

— Monsieur Georges, voilà monsieur votre père.

— Oh ! c'est un protecteur que le ciel m'envoie, s'écria Félicie.

— Attendez-le donc, madame, dit Georges. Et il laissa Félicie avec la fermière, après avoir donné à celle-ci un ordre auquel elle promit d'obéir ponctuellement. Presque aussitôt madame de Norbert entendit dans la chambre voisine la voix de M. de Labardès le père.

Si quelqu'un se fût trouvé dans la chambre où Georges et son père se rencontrèrent, il lui eût été facile de deviner qu'il allait se passer une scène décisive. Monsieur de Labardès avait ce calme impérieux venant d'une résolution prise à laquelle on s'est donné parole de pas faillir. Sans doute Georges le devina, car l'empressement avec lequel il s'était avancé vers son père se changea soudainement en un respect froid et presque hautain. Monsieur de Labardès fit signe à Georges de s'asseoir, et après s'être assis lui-même, il commença le discours qu'il avait préparé. Le moment de silence qu'il garda avant de prendre la parole, et pendant lequel il sembla recueillir ses idées, montra suffisamment qu'il avait arrêté d'avance tout ce qu'il voulait dire de son fils.

— Monsieur, lui dit-il, j'ai reçu la lettre que vous m'avez écrite il y a quelques heures, et par laquelle vous rassurez ma tendresse paternelle sur l'issue d'un événement qui pouvait me faire croire à votre mort. Vous êtes vivant, Dieu en soit loué ! vous avez arraché à la mort une femme dont je ne veux pas me faire le juge ; Dieu veuille qu'elle ait à s'en féliciter !

Dès les premières paroles, Georges avait compris la solennité de l'explication qui allait avoir lieu ; de son côté, il se résolut à contenir les transports habituellement inconsidérés de son âme ; cependant à cette première phrase, il devina qu'il ne resterait peut-être pas le maître de se modérer complétement, et il interrompit monsieur de Labardès en lui disant :

— Mon père, avant d'aller plus loin, je dois vous dire une chose, c'est qu'un fatal concours de circonstances a donné à madame de Norbert l'apparence d'une faute dont elle est innocente. Je l'atteste sur l'honneur. Toute accusation contre elle serait une injustice ; s'il y a un coupable ici, c'est moi.

Monsieur de Labardès ne cacha pas l'expression du doute que cette déclaration fit naître en lui, et répondit d'un ton de dédain :

— Comme il vous plaira, monsieur ; je veux bien croire à votre parole, quoique je puisse vous faire observer que de ma part c'est y mettre plus que de la condescendance.

— Mon père, je ne sais point mentir, vous le savez.

— Mais je sais aussi qu'il est des positions qui font du mensonge un point d'honneur pour les gens d'honneur ; c'est le résultat inévitable d'une mauvaise vie, que sa plus noble défense doive être une mauvaise action ; vous parlez comme un amant, je parlerai comme un père. Ecoutez-moi, monsieur ; ce que j'ai à vous dire est grave, et le parti que vous allez avoir à prendre ne l'est pas moins.

L'autorité avec laquelle monsieur de Labardès prononça ces dernières paroles força Georges au silence, et le vieillard reprit :

— J'ai été pour vous un père indulgent, trop indulgent sans doute. Depuis longtemps j'ai fermé les yeux sur votre conduite. Forcé de la punir sévèrement si j'en avais paru instruit, j'ai feint de l'ignorer. Ça a été une transaction honteuse entre mes devoirs de père et ma faiblesse pour vous. Mais je dois vous expliquer pourquoi j'ai fait cette transaction avec moi-même : c'est parce que je n'ai pas voulu exposer mon autorité de père à être méconnue, tant que les passions de votre jeunesse auraient assez de violence pour vous exposer à la méconnaître ; c'est parce que j'ai décidé que le jour où elle parlera elle devra être obéie. Ce jour est venu, monsieur. Ce n'est pas moi qui l'ai hâté. Je vous ai dit que j'avais été un père indulgent, et je l'eusse

été peut-être encore longtemps sans ce qui s'est passé cette nuit. Tant que vos débordemens sont restés bien loin de moi, j'ai pu, j'ai voulu ne pas les savoir. Le monde a dû me croire aveugle ; peu m'importe ! Aujourd'hui ils ont franchi le seuil de ma maison ; ils ont éclaté chez moi par un double et honteux scandale. L'hôtel de l'ancien chef de la justice a été envahi par les agens de la force publique comme la retraite d'un assassin ; cette chambre, qui était la mienne quand, bien jeune encore, j'épousai votre mère avant d'être le chef de ma famille ; cette chambre, où elle vous donna le jour, a été forcée aujourd'hui par l'adultère : vous avez introduit votre maîtresse sous le toit de votre père; vous avez déshonoré ma maison.
— Mon père ! s'écria Georges.
— Vous l'avez déshonorée, et il me faut une réparation à moi et au monde. Cette réparation, vous me la donnerez, ou tout sera fini entre nous.
Georges se tut ; mais le tremblement nerveux de ses dents, ses poings serrés, son front contracté, laissaient voir assez par quel effort violent il se contenait. Son père le regarda avec dédain, et ajouta :
— Il vous semble fâcheux, n'est-ce pas, de ne pouvoir vous lever fièrement à ce mot de réparation, et de ne pouvoir dire insolemment à votre père : Je vous laisse le choix des armes, du lieu et de l'heure ?
Ce reproche sembla toucher Georges, et il répondit avec dignité :
— Mon père, dites-moi quelle réparation vous exigez de moi.
— La voici, et vous la trouverez facile à accomplir, je le pense. Vous romprez franchement les habitudes vicieuses que vous avez contractées. Vous avez été cause d'un accident fâcheux, vous assurerez une pension à cette malheureuse qui s'est précipitée par une croisée. Cet accident peut l'avoir privée du talent qui la faisait vivre, et le dernier degré de la honte pour un homme, c'est que son amour ait légué la misère à celle qu'il a aimée.
— Je vous remercie de ces dispositions, mon père, dit Georges. Je le ferai ce qui est convenable ; mais je puis vous assurer que ces relations sont rompues depuis longtemps.
— Ce ne sont pas les seules auxquelles il faut renoncer : vous ne verrez plus madame de Norbert.
Georges tressaillit, mais il comprit qu'il devait ce sacrifice à Félicie encore plus qu'à son père, et il baissa la tête en signe d'assentiment. Monsieur de Labardès ajouta :
— Et s'il arrivait, ce qui est probable, que celle-là perdît aussi sa fortune et sa position, nous lui assurerons comme à l'autre une existence convenable.
A cette parole, Georges se sentit comme frappé au cœur d'un coup terrible. Il se leva de son siège, pâle, épouvanté de ce qu'il venait d'entendre, et murmura d'une voix tremblante :
— Moi ! offrir à Félicie...
Il s'arrêta devant le mot qu'il lui fallait prononcer.
— Moi ! offrir à madame de Norbert... reprit-il, tandis que ses yeux se mouillaient de larmes.
Il s'arrêta encore, et enfin il ajouta avec un accent éclatant :
— Moi ! offrir de l'argent à cet ange de vertu !... Eh ! mon père, il eût mieux valu la laisser mourir !
Monsieur de Labardès resta impassible et répondit froidement :
— Puisque vous consentez à l'abandonner, vous ne le pouvez sans prendre soin de son avenir.
— Mais c'est que je ne l'abandonne pas, mon père; mais c'est qu'elle est innocente ; c'est qu'un fatal concours de circonstances, je vous l'ai dit, l'a menée chez moi. Instruite de l'accusation qui pesait sur moi, elle a voulu m'en sauver ; poussée par une sainte pitié, elle est venue, l'imprudente, la malheureuse, elle est venue...
— Pour sauver son amant !...
— Mon père !...
— Voilà, monsieur, ce que dit la plainte que monsieur de Norbert a déposée immédiatement au parquet de la cour.
— Oh ! mon Dieu ! s'écria Georges en retombant sur son siège, accablé et brisé par cette nouvelle.
Son père ajouta :
— Le reste est un secret entre elle et vous ; mais le jugement des tribunaux est facile à prévoir.
— Ils la condamneront, s'écria Georges ; ils la condamneront, elle qui n'a pas une pensée à se reprocher ; elle, c'est impossible !
— Ils prononceront du moins le divorce que demande monsieur de Norbert.
— Un divorce ! reprit Georges avec impétuosité ; oh ! qu'ils le fassent, et madame de Norbert aura la seule réparation que je doive à quelqu'un : je l'épouserai, mon père.
— Vous ! repartit avec éclat monsieur de Labardès, en se levant soudainement.
— Oui, je l'épouserai.
Monsieur de Labardès reprit tout son calme, et faisant signe à son fils de se rasseoir, il continua froidement :
— Je ne vous ai pas tout dit, monsieur ; après ce que je viens de vous prescrire, il est encore autre chose que je vous demande.
— Dites, répondit froidement Georges.
— Je ne veux plus que ce qui est arrivé puisse se renouveler ; vous ne rentrerez pas dans ma maison pour y apporter de nouveaux scandales ; votre mariage avec une personne dont la fortune et le nom égalent les vôtres est arrêté par moi. Ce mariage s'accomplira sitôt que les convenances le permettront, et j'aime à croire que vous respecterez assez le titre d'époux, qui mène à celui de père, pour ne pas vous exposer à avoir à rougir un jour devant vos enfans.
Georges se tut.
— J'attends votre réponse, monsieur, et j'ajouterai, puisque vous m'en laissez le temps, que ce que je viens de vous demander est l'expression d'une résolution inébranlable.
— Je le crois, mon père, et soyez bien persuadé que ce que je vais vous répondre est aussi l'expression d'une résolution également inébranlable.
Georges s'arrêta un moment comme pour donner plus de solennité à ses paroles, puis il ajouta en élevant la voix :
— Si madame de Norbert avait dû reprendre sa vie honorée comme elle lui appartient, je vous aurais obéi : aujourd'hui, je ne puis l'abandonner sans commettre la plus basse des lâchetés.
— Aussi, mon fils, n'est-ce pas ce que je vous ai conseillé. Je vous ai dit qu'on lui assurerait une existence.
— Comme je ferai à une autre, n'est-ce pas ? repartit Georges avec mépris ; comme je ferai à une fille perdue ?
— Moi qui ne suis pas amoureux, monsieur, je ne sais pas les différences qu'il y a entre une fille perdue et une femme perdue.
— Monsieur !... monsieur ! s'écria Georges en s'avançant sur son père qui le regarda froidement. Georges recula, puis continua à paroles brèves et entrecoupées.
— Vous avez raison, vous êtes mon père ; je n'ai rien à dire, et vous avez le droit d'insulte ; mais il me reste celui d'agir. Écoutez-moi bien aussi. Tant que je vivrai, il n'y aura pas une heure de ma vie, pas une minute qui ne soit consacrée au salut, au repos, à l'honneur de madame de Norbert. Je ne sais si elle acceptera ma main, dans le cas où un divorce me permettrait de la lui offrir ; mais ma main ne sera à personne parce qu'elle lui appartient. Si elle veut ma fortune, elle l'aura.
— Votre fortune, dit monsieur de Labardès; oubliez-vous que vous avez dévoré celle de votre mère, et que si je vous retire la mienne vous n'aurez plus que la misère à lui offrir ?
— Eh bien ! je lui offrirai ma misère, monsieur, et vous

venez de me donner une bien grande espérance ; ma misère, elle l'acceptera plutôt que ma fortune.
— Vous êtes fou !
— Je puis le devenir si elle me refuse, mais je ne le suis pas maintenant.
— Songez que c'est une séparation éternelle entre nous, mon fils.
— Une séparation éternelle, soit !
— Songez qu'à ce que vous venez de me dire, un père n'a qu'une réponse à faire.
— Faites-la donc, monsieur, je l'attends !
— Cette réponse, monsieur, s'écria le vieux magistrat en se levant de toute sa hauteur, c'est la malédiction de votre père !
— Soit, je serai un fils maudit !
— Allez donc, reprit monsieur de Labardès ; vous pouvez maintenant être un vil débauché, un misérable joueur, un infâme perdu de mœurs, et vous serez tout cela, car vous l'avez été, peu importe ; vous ne m'êtes plus de rien. Je ne suis plus votre père, je ne vous reconnais plus pour mon fils.
— Soit, soit, monsieur, je serai tout cela ; mais je ne serai pas un lâche, car je ne l'ai jamais été.
— Adieu, monsieur !
Monsieur de Labardès s'arrêta un moment sur la porte ; il y avait en lui un violent combat, il se retourna et dit d'une voix émue où pour la première fois parla la tendresse paternelle.
— Georges, n'avez-vous rien à me dire ?
A son tour, Georges se sentit ému de cet appel à son cœur ; il se tut d'abord, puis il reprit en mettant un genou en terre :
— Mon père, pardonnez-moi ma désobéissance, mais elle est inflexible comme votre volonté.
— Sois donc maudit, toi qui préfère l'amour d'une femme perdue à l'honneur de ton père ! s'écria le vieillard ; et il sortit aussitôt.
A cette époque, on n'avait pas encore ri des mélodrames sérieux où l'on a abusé de la malédiction paternelle. D'ailleurs, Georges, au milieu de sa vie dissipée et de sa révolte contre son père, avait une idée sérieuse des devoirs de famille ; et cette malédiction, bien qu'il l'eût bravée jusqu'au bout avec emportement, le frappa d'un coup terrible ; il était resté à genoux, lorsqu'il entendit un léger bruit derrière lui ; il se retourna, et vit Félicie qui venait d'ouvrir la porte ; il se releva et courut vers elle. Elle était pâle et tremblante, mais une exaltation fiévreuse brillait dans ses yeux égarés. Georges s'arrêta avec épouvante ; elle lui tendit la main, il n'osa la prendre. Elle approcha encore, et lui dit d'une voix qui vibrait sourdement :
— Fils maudit, femme perdue, nous sommes dignes l'un de l'autre !
Et lui parlant avec une vive anxiété, il répondit doucement :
— Oh ! non, vous n'êtes pas une femme perdue ! il n'y a que moi qui suis infâme.
— Non, Georges, reprit-elle avec le même calme effrayant, j'ai tout entendu, votre père a raison, vous êtes un fils maudit pour m'avoir aimée, et moi une femme perdue pour vous avoir aimé.
— Félicie !... s'écria Georges.
— Oui, c'est parce que je vous aimais que j'ai voulu vous sauver. J'étais adultère dans mon cœur quand je suis sortie de la maison de mon mari.
— Oh ! reprit Georges, vous m'avez donc pardonné ?
— Tout à l'heure, Georges, je viens de vous pardonner, quand vous avez répondu à votre père que j'accepterais votre misère et non pas votre fortune.
— Et vous accepteriez aussi mon nom, n'est-ce pas ? dit Georges.
— Non, car le jour où je pourrai l'accepter il y aura un arrêt qui m'aura déshonorée.
En prononçant ces dernières paroles, la force qui avait soutenu Félicie jusqu'à ce moment lui faillit tout à coup,

et elle fut saisie d'une violente attaque de nerfs, et bientôt d'une fièvre et d'un délire qui firent craindre que le choc incessant de tant d'émotions rapides et cruelles n'eût brisé à la fois son âme et son corps : elle fut, durant trois jours, faible et mourante.

Pendant ce temps, Labardès se fit instruire de ce qui se passait à Bordeaux. Il apprit que le jour même de son explication avec son père, celui-ci avait quitté son hôtel de Bordeaux et s'était retiré dans un château qu'il possédait près d'Agen.

Ce départ avait donné une grande consistance au bruit qui avait couru dès l'abord, que lui et madame de Norbert avaient péri dans la Garonne. D'autres disaient que madame de Norbert seule s'était noyée, et que monsieur de Labardès avait emmené son fils avec lui. Mais tout cela ne partait que de suppositions qui n'avaient aucune base fixe. Cependant la santé de Félicie parut devoir se rétablir au bout de quelques jours, et Georges fut averti que l'on parlait déjà de pêcheurs qui avaient sauvé un homme et une femme, et qu'on les disait cachés dans les environs de Bordeaux. Une descente judiciaire pouvait y atteindre Félicie. Monsieur de Norbert avait à sa disposition tous les moyens possibles de les découvrir. Georges voulut prévenir ce nouvel éclat et résolut de partir avec madame de Norbert et de l'emmener à Paris, où ils se pourraient cacher mieux et laisser les esprits dans l'incertitude de leur sort.

Ils partirent donc.

Je vous ai dit que c'était en 1812 que Georges arriva à Bordeaux. Lorsque ce dernier événement se passa, on était déjà aux premiers jours de 1814, et bientôt le bruit des grands événemens politiques de cette année fit oublier la disparition de Georges et de madame de Norbert.

Arrivés à Paris, ils y prirent tous deux le nom de monsieur et madame de Dorbern. C'est alors que je les connus tous deux. Un homme comme monsieur de Labardès, arrivant à Paris sous un faux nom, devait éveiller les soupçons de la police impériale, surtout quand cet homme venait d'une ville comme Bordeaux, dont les sentiments étaient connus pour être hostiles au gouvernement, surtout quand cet homme appartenait à un parti qui ne cachait plus ses espérances et qui avait à Paris des représentans jusque dans le corps législatif.

Monsieur de Labardès, mandé à mon bureau, me raconta que ce que je croyais une intrigue politique n'était qu'une aventure d'amour. Il m'était difficile de suspecter sa bonne foi, et j'écrivis à Bordeaux pour savoir la vérité, après avoir fait arrêter préalablement monsieur de Labardès. La réponse que je reçus m'en confirma la vérité de ses aveux, et je le fis rendre à la liberté. Durant sa détention, j'avais eu l'occasion de voir plusieurs fois madame de Norbert et d'apprécier toute la sainteté, toute la hauteur de son âme. Je lui demandai la permission d'être son ami, et l'amitié que je lui vouai alors ne fut point stérile. Ce fut par mon entremise que se négocia la séparation amiable de monsieur de Norbert et de sa femme. Je lui écrivis qu'un procès serait un scandale qui déplairait à l'empereur ; que j'étais autorisé à lui dire que madame de Norbert quitterait son nom, et que, grâce à l'ignorance où on était de son sort, il serait facile de faire croire qu'elle était morte. Félicie m'avait dit :

— Ah ! s'il voulait m'épargner la honte d'un jugement, je paierais cette générosité de toute ma fortune.

En parlant ainsi, elle n'avait pas pensé qu'on pût faire une pareille proposition à son mari. Moi qui n'ai pas des hommes une opinion très poétique, je pensai que ce serait un grand argument en notre faveur.

— Quelle horreur ! s'écria ma voisine. Vous avez osé proposer cela à un homme d'honneur ?

— Et l'homme d'honneur l'a accepté : seulement j'entourai la proposition de toutes les formes possibles. Je fis observer à monsieur de Norbert qu'un jugement entraînerait des débats scandaleux et des relations bien pénibles ; car à supposer que le divorce fût prononcé, il faudrait que les deux époux disjoints s'entendissent pour régler les intérêts de leur fortune, tandis que madame de Norbert était toute prête à abandonner ses droits quels qu'ils fussent, si son mari voulait abandonner sa plainte. Je ne dis pas à monsieur de Norbert le profit pécuniaire qu'il y trouverait ; mais les ennuis, les chagrins, les récriminations auxquels il pouvait ainsi se soustraire, et sans doute il fut touché de mon intérêt pour lui, car il me répondit en acceptant mes propositions. Alors monsieur de Labardès reprit son nom, et Félicie garda celui de madame Dorbern.

— Et ils restèrent dans la misère, grâce à votre intervention, dit ma voisine.

— C'est-à-dire, reprit monsieur P..., qu'ils y tombèrent malgré tous mes efforts. J'avais obtenu la promesse d'un emploi convenable pour monsieur de Labardès, lorsqu'arriva la Restauration. En emportant mon crédit, elle emporta les espérances de Georges, et lorsqu'un ordre ministériel m'obligea à quitter Paris, ils n'avaient pour toute ressource qu'une assez faible somme d'argent que je forçai Félicie à accepter à titre d'emprunt.

— Et que devinrent-ils alors? dis-je à monsieur P...

— Vous savez quelle fortune a faite monsieur de Labardès ?

— Oui, lui, mais madame de Norbert?

— Madame de Norbert, répartit monsieur P...; elle eut à souffrir bien des douleurs.

— Georges se montra donc infâme pour elle aussi?

— Non, fit monsieur P... en rêvant.

— Mais il l'a abandonnée il y a deux ans, reprit sa voisine, lorsqu'elle vint se fixer ici.

— Non, fit M. P... avec un gros soupir.

— Quel a donc été le motif de leur séparation?

— Quelque chose qui fait que cette femme a été la plus noble et la plus malheureuse des femmes de ce monde ; écoutez-moi :

Et M. P... reprit ainsi :

— Vous me demandez ce que devint Félicie, c'est ce que je pourrais vous dire en un mot, et ce que je ne pourrais vous raconter que bien longuement si je voulais être vrai. C'est une histoire qui peut se resserrer en quelques lignes, et qui ferait la matière de vingt volumes de roman. Vue à la distance du monde et de l'indifférence, c'est un nombre d'années assez calmes passées dans une position honteuse ; vue de près et aux yeux de l'amitié, c'est une torture qui a fait vibrer douloureusement chaque jour, chaque heure de ses longues années ; ç'a été un dévouement infatigable et immense ; il en est de cela comme de certains monumens de l'Égypte : à cent pas, c'est un monceau de pierres d'une forme nette et précise, et qui ne demande qu'un coup d'œil pour être saisi, c'est une pyramide : à deux pas, lorsqu'on découvre les milliers de figures qu'on y a creusées, c'est l'histoire de tout un peuple ; histoire mystérieuse, qu'il faut des siècles d'études et de labeur pour lire dans son vrai sens, c'est un livre colossal ! Si au lieu de me faire cette question, vous l'eussiez faite à tout autre qui eût moins connu les deux héros de cette histoire, il vous eût répondu: Madame de Norbert fut depuis 1814 jusqu'en 1819 la maîtresse de M. de Labardès. Mais puisque c'est à moi qu'elle s'adresse, je dois dire que Félicie fut l'ange gardien, le guide, l'honneur et le bonheur de Georges.

Comme je vous l'ai dit, ils étaient demeurés à Paris sans ressources. Il y a peu d'esprits en ce monde qui aient la puissance de se mettre franchement en face de leur position, de la considérer d'un œil calme, de la mesurer exactement, et de calculer par quels moyens honnêtes, justes, et raisonnables ils en peuvent sortir. Cette puissance manque aux hommes supérieurs peut-être plus encore qu'aux esprits bornés.

En effet, les premiers ont en eux une conscience de ce qu'ils valent qui ne leur laisse pas facilement admettre qu'ils puissent rester dans la misère et l'obscurité. D'une autre part, lorsqu'ils voient les hautes fortunes acquises par des médiocrités patientes et laborieuses, ils se disent qu'une telle fortune ne peut leur manquer ; comptant leur valeur comme un droit à être aussi bien partagés que la médiocrité, oubliant que celle-ci a pour auxiliaires le temps et le travail, deux forces qui valent presque celle du génie. Si l'on pouvait bien enseigner aux jeunes gens de notre époque la fable du Lièvre et de la Tortue, il y aurait moins de révolte entre eux contre certaines hautes positions. En effet, la plupart de ceux qui, selon leur expression, se sentent des ailes d'aigle, s'indignent de voir occupés par des hommes vulgaires les sommets sociaux où ils peuvent arriver de plein vol, et ils accusent sans cesse la société de ses injustes préférences. C'est qu'au jour où ils pensent à arriver, ils ne tiennent pas compte de tout le temps qu'ils ont perdu en vaines espérances, en fausses routes, en élans sans but ; temps que d'autres ont employé à gravir lentement, mais incessamment la rude montée d'une haute fortune. Enfin, pour parler sans métaphore, ils prétendent qu'on reconnaisse immédiatement en eux un mérite qui n'a pas fait ses preuves, une puissance qui ne s'est exercée qu'en eux-mêmes. Parvenus à un âge où il est honteux d'être peu de chose, ils préfèrent n'être rien par orgueil. Alors beaucoup se perdent tout à fait. Ils se détournent du chemin battu qui est ouvert à tout le monde, et où ils marcheraient vite s'ils voulaient le prendre à son entrée, et s'en vont tenter des voies impossibles qui le plus souvent mènent à la ruine et au déshonneur.

Ainsi fit Georges durant quelque temps.

Après mon départ, plusieurs positions lui furent offertes, des places de commis dans des maisons de commerce, celle de secrétaire chez un célèbre avocat. Un député de son département lui obtint du gouvernement un emploi de substitut de procureur du roi. Il refusa tout cela ; il ne comprenait pas que lui, Georges de Labardès, avec son nom et ce qu'il se sentait de capacité, fût mis au rang des gens qu'il méprisait souverainement. Cependant il fallait vivre, et Georges, abusant de son nom et de son ancienne position à Paris, suffit largement à toutes les exigences d'une vie convenable par des emprunts faits à d'anciens amis, puis à des usuriers. Mais le terme de tous ces engagemens arriva, et Félicie dut s'alarmer des mystérieuses entrevues qui avaient lieu entre Georges et des inconnus, des fréquentes sorties de celui-ci, de sa tristesse, de ses sombres distractions. Félicie ignorait complètement les affaires ; elle n'y chercha point l'explication de la conduite de Georges : elle crut que cet amour sur lequel elle avait compté n'avait été, comme tant d'autres, que le résultat d'une exaltation passagère, et que Georges, déjà fatigué d'une chaîne qu'il s'était imprudemment imposée, n'osait la rompre, mais la portait avec dégoût.

— « Lorsque cette pensée m'entra dans le cœur, m'a-t-elle dit souvent, je ne vis qu'une issue à cette horrible position. Cette issue, c'était la mort. L'idée du crime qu'il me faudrait commettre ne m'arrêta pas un seul instant. Je n'étais déjà plus la femme qui, injustement flétrie par le monde, avait voulu garder devant Dieu ma pureté tout entière. Ne pouvant plus paraître à son tribunal qu'avec une faute sur le front, je ne frémis pas d'y ajouter un crime. Hélas ! je n'avais plus de refuge en moi-même où me purifier dans mon innocence du contact des mauvaises pensées. Peut-être pour une femme qui a gardé la considération, un amour perdu n'est-il pas le suprême malheur ; mais lorsque l'amour est votre dernier abri, le seul rempart qui vous défende contre le désespoir, lorsqu'il est la seule considération qu'on puisse obtenir, car être aimée est aussi une considération, si cet amour est noble et grand ; quand cet amour s'en va, la vie le suit ; elle disparaît avec lui comme le naufragé avec la dernière planche du radeau auquel il s'est accroché. Toutefois, je ne voulus pas garder un doute en présence d'une nouvelle résolution de suicide, et ce fut parce que cette résolution était inébranlable que je voulus me la justifier à moi-même. Voilà ce qui me poussa à une action qui en toute autre circonstance et avec l'espérance d'un autre résultat m'eût paru honteuse et déshonnorée. Un soir que Georges

était sorti, je m'introduisis dans son cabinet, j'ouvris son bureau, je fouillai ses papiers. Je les avais tous remués sans y trouver un seul indice de ce que j'y cherchais ; pas une lettre de femme, quelques billets équivoques, où on lui donnait des rendez-vous, mais toujours pour des affaires. J'en lisais les premiers mots et la signature, et j'allais plus loin. Enfin je rencontrai une lettre timbrée de Bordeaux : elle était d'une écriture de femme. J'hésitai longtemps à la lire ; il me sembla que c'était ma condamnation que je tenais en mes mains. C'était une condamnation, en effet, mais non pas comme je le pensais. Cette lettre était d'une tante de Georges. Dès les premières lignes je reconnus qu'il s'était adressé à elle pour le tirer des embarras d'argent où il se trouvait. Ces premières lignes m'expliquèrent aussi ce que signifiait tout cet amas de papier timbré que j'avais repoussé comme inutile, puis ces entrevues mystérieuses, ces sorties fréquentes, ces alarmes perpétuelles de Georges. Je fus sur le point de m'arrêter et de ne plus continuer la lecture d'une correspondance qui, dans le premier moment, sembla devoir me rester étrangère. Mais mon nom écrit au milieu de cette lettre m'engagea à poursuivre. Ce fut alors que je vis clair dans ma position. La tante de Georges, après lui avoir transmis ses propres refus et ceux de M. Labardès père, finissait par dire à Georges qu'il n'avait rien à espérer de sa famille tant qu'il resterait la proie (c'était l'expression) d'une femme sans mœurs qui, pour satisfaire à des habitudes de luxe et de plaisir, le poussait à des dépenses ruineuses. Tout cela se concluait par cette phrase : « Après avoir vu dévorer la fortune de votre mère avec des filles de toute sorte, votre père ni moi n'avons envie de faire servir la nôtre à l'entretien insolent d'une femme perdue.»
Un moment j'avais retrouvé ma foi, mon espérance en l'amour de Georges ; mais presque aussitôt la consolation que j'en avais éprouvée s'était enfuie devant la connaissance que je venais d'acquérir des embarras où il était plongé ; puis enfin un nouveau désespoir m'entra dans le cœur lorsque je découvris que c'était moi qu'on rendait responsable de ces embarras, responsable du déshonneur auquel il courait. Encore une fois, une idée de suicide me traversa la pensée ; l'idée de détruire toutes ces accusations par la mort de celle qui y avait donné lieu s'empara un moment de mon cœur. Mais elle n'y put trouver place ; la certitude de l'amour de Georges y était rentrée et l'occupait tout entier. Je ne sais toutefois ce qui fût arrivé si j'avais été longtemps abandonnée à moi-même ; mais Georges rentra en ce moment et me surprit dans cette horrible anxiété, assise devant son bureau, tous ses papiers étalés sous mes yeux.

Le premier regard qu'il me lança fut sévère, c'était celui de l'homme dont on a audacieusement forcé le secret ; je le supportai sans baisser les yeux : une pensée puissante, grande, salutaire m'inspira tout à coup. Le second regard qu'il m'adressa fut triste et désespéré, et il me dit, avec autant de honte que de douleur :

— Oh ! Félicie, qu'avez-vous fait !

— M'aimez-vous, Georges ? lui répondis-je.

— Oh ! s'écria-t-il en tombant à genoux devant moi, si je vous aime !... Hélas ! mon Dieu ! mais tout ce que vous venez de découvrir, cette honte à laquelle je me suis exposé en sont une preuve. Félicie, c'est l'horreur de vous voir livrée au besoin, à la misère, qui m'a poussé à tant d'imprudences. J'ai marché comme un aveugle sans prévoir qu'elles auraient pour horrible résultat de vous faire sentir plus cruellement cette misère.

— Et ce n'est pas le plus horrible résultat que vous n'avez pas prévu ; le plus horrible, c'est de m'avoir rendue aux yeux de tous la complice de toutes ces imprudences, la cause de tous ces égaremens.

— Félicie ! s'écria-t-il.

— J'ai tout lu, voilà la lettre de votre tante.

Il courba la tête, et je repris avec une fermeté que donne seule une noble résolution :

— Georges, m'aimez-vous ?

— Oui, et d'un amour sacré.

— Eh bien ! lui dis-je, il faut sortir de cette fange.

— Veux-tu mourir ensemble ? s'écria-t-il en m'attirant à lui.

— Non, lui dis-je en le repoussant tristement. Au point où nous en sommes venus, cette issue est la plus honteuse de toutes. Laisser derrière nous, vous, la réputation d'un malhonnête homme ; moi, la réputation d'une malhonnête femme, je ne le veux pas. Il est une considération que je ne puis reconquérir, mais il est un déshonneur que je ne veux pas accepter. Je ne puis pas ne pas avoir été la femme adultère de monsieur de Norbert, mais je ne veux pas être la maîtresse qui a ruiné monsieur de Labardès. Il faut sortir de cette position Georges, mais non pas en y succombant ; c'est en triomphant qu'il faut en sortir.

— Oh ! tu as raison, me dit-il, et j'espère que bientôt ce sera avec avec éclat.

— Il faut que ce soit d'abord avec honneur, et pour cela il faut quitter cette maison, ce luxe, cette vie fausse et honteuse ; il faut payer nos dettes.

— Hélas ! c'est impossible.

— Aujourd'hui peut-être, mais non pas un jour à venir.

— Mais je n'ai pas de temps.

— Vous en obtiendrez. Ce qui a lu toutes ces lettres, ce qui indigne vos amis et vos créanciers, c'est un luxe basé sur vos emprunts. Ce qui les alarme sur la valeur de leurs créances, c'est l'oisiveté de votre vie. Enlevez ce luxe, ils se calmeront ; travaillez, leur intérêt sera de vous en laisser le pouvoir. »

A ce moment, reprit monsieur P..., Félicie qui m'a souvent raconté cette scène, Félicie n'avait obtenu que la plus facile partie de la victoire qu'elle voulait remporter. Elle parlait honneur, devoir, à un homme chez qui tous ces mots avaient eu un puissant retentissement, malgré sa fâcheuse conduite.

Elle me persuada. Mais lorsqu'il lui fallut discuter les moyens d'arriver au but proposé, c'était l'orgueil de Georges qu'il fallait vaincre. Il fallait lui persuader d'accepter un prix misérable de son travail ; il fallait le forcer à s'estimer devant le monde, et ce qui le révoltait le plus, à s'estimer bien bas devant elle. Ce fut alors que cette femme éclairée soudainement sur les plus graves vérités de notre ordre social, lui fit comprendre comment il devait commencer par être peu de chose, pour arriver à devenir beaucoup. C'est alors qu'ingénieuse à le flatter, elle lui montra que dans le commis qui se vendait pour quelques centaines de francs, elle verrait l'homme destiné à être un jour le chef des plus hautes administrations ; que dans l'écrivain qui recevrait un salaire misérable de son travail, elle était sûre qu'il y avait déjà tout entier l'homme dont la vaste capacité devait parvenir à la plus noble illustration. C'est alors enfin, qu'après lui avoir restitué l'estime des autres en le faisant rentrer dans la voie des honnêtes gens, elle en fit un homme distingué en le soutenant longtemps par le témoignage de sa seule estime. En effet, les commencemens de cette réforme furent pénibles. Georges, employé dans les derniers rangs d'une administration publique, attaché comme rédacteur très secondaire à un journal qui s'était donné pour mission le triomphe des opinions ultra-royalistes, Georges ne gagna pendant quelque temps que ce qui suffisait à peine aux besoins d'une vie bien médiocre.

Et cependant ce fut le seul moment de leur vie où il y eut pour tous deux quelques heures d'oubli, de joie pure. C'est que la noble femme perdue et le noble esprit ignoré étaient tous deux dans le même malheur. C'est que le monde, en les confondant dans son dédain, ne les séparait pas encore l'un et l'autre. Alors ils eurent ensemble des bonheurs d'enfant, des heures de plaisirs prises sur leurs frêles économies, où tous deux s'en allaient, inconnus, abrités par leur obscurité, jouir d'une longue soirée de spectacle, d'une chaude journée de printemps, sans que rien vînt les heurter et les montrer du doigt.

— Il me semble, reprit ma voisine en interrompant monsieur P..., que les succès de Georges ont dû accroître ce bonheur.

— Hélas! dit monsieur P..., ses succès furent à la fois la justification et l'incessante torture de Félicie. Comme elle l'avait prévu, l'heure ne se fit pas attendre où l'on jugea l'homme à son œuvre lorsqu'il se fut décidé à la commencer. Il marcha vite dans la double carrière qu'il parcourait, mais il marcha seul. Georges, devenu maître des requêtes et l'un des écrivains les plus influens de la cause qu'il défendait, Georges amortissant une à une les dettes qu'il avait faites, Georges fut bientôt aux yeux de tous un homme distingué, estimé, recherché, tandis que celle qui le poussait dans cette voie n'en restait pas moins sa maîtresse, femme déshonorée aux yeux du monde. Autrefois, abandonnés tous deux dans leur solitude, ils n'avaient pas compris qu'un jour viendrait où, sans cesser de s'aimer de l'amour le plus absolu, le monde leur ferait une vie différente. En effet, les invitations venaient chercher Georges dans sa retraite, et elles y laissaient Félicie. Il refusait toutes celles qui étaient plaisir, mais elle le forçait d'accepter toutes celles qui étaient devoir; elle se montrait à ses yeux fière, heureuse de l'estime qu'il conquérait, jusqu'au moment où la porte était fermée derrière lui; alors elle restait seule, et ce fut cette solitude qui fut l'enfer où elle expia sa faute, car rien ne venait consoler son âme, pas même une espérance. Clouée au déshonneur de sa position perdue, elle suivait de l'œil Georges dans le noble sentier d'une bonne réputation, où elle ne pouvait pas le suivre. Le courage lui faillit quelquefois; quelquefois elle pleura et cria anathème contre le monde, mais ce n'était que lorsqu'elle était bien seule avec elle-même, lorsque Georges ne pouvait pas l'entendre. Elle lui cachait son désespoir qui eût pu le décourager, et tant qu'il était à la portée de sa voix, Félicie lui criait du poteau d'infamie où le monde la laissait : « Courage, marche, arrive, deviens grand, c'est mon espérance, c'est ma joie; » et pourtant elle avait la conscience que chaque pas qui le portait vers la haute fortune où il était arrivé était un pas qui le séparait d'elle. Et cela arriva comme elle l'avait prévu.

Je viens de vous dire ce que je pourrais appeler le sens général de ce malheur incessant qui pesa durant cinq ans sur Félicie, mais je ne vous ai pas dit tous les horribles petits détails de ce long supplice. Il y a tant de femmes effrontées ou de femmes insoucieuses qui portent légèrement une pareille vie, que peu de gens soupçonnent ce qu'elle peut avoir d'infiniment douloureux pour une âme noble. Ils en voient l'extérieur brillant, l'aisance, les plaisirs, les distractions. Il y en a même qui l'envient. Mais moi j'ai pénétré derrière ce voile doré, et je puis vous attester qu'il recouvre d'atroces douleurs, des douleurs de toutes les heures, et cependant toujours la même douleur. C'est l'avertissement incessant du mépris du monde, car ce mépris force la porte de votre maison, si bien close qu'elle soit, arrive par l'insolence d'un valet qui ne croit rien devoir à la femme qui ne porte pas le nom de son maître; il arrive par la question d'un étranger qui, en refusant de dire le motif de sa visite, vous avertit que vous n'avez aucun droit à le savoir. Il arrive par les flatteries mêmes qui, en se vantant de l'amitié d'un homme d'un grand nom, disent à un autre qu'elle n'est pas admise dans la considération que cette amitié procure. Vous ne savez pas, vous dis-je, ce qu'est une pareille vie, et ceux qui la bafouent légèrement auraient remords de leurs paroles s'ils connaissaient la centième partie du mal qu'ils font à qui ne leur en a point fait.

— Quoi! reprit ma voisine, et Félicie demeura ainsi toujours seule, sans un témoignage d'intérêt, sans que quelqu'un prît sa défense, sans que quelqu'un lui tendît une main protectrice.

— Non, reprit monsieur P..., elle ne fut pas si complètement méconnue que vous le pensez; une main lui fut tendue, la seule qui eût pu la consoler, et qui la consola, la seule aussi qui pût combler son malheur, et qui le combla.

Lorsque Georges, grâce à Félicie, se fut résolu à donner un démenti aux accusations de sa famille, il ne voulut pas laisser sans réponse la lettre de sa tante; il lui écrivit pour lui dire ses nouvelles déterminations, et il lui apprit à quelle inspiration il les devait. Cette lettre, communiquée à monsieur de Labardès, fut considérée par lui comme une jactance de jeune homme. Mais bientôt, les effets répondant aux promesses, la famille de Georges se félicita tout haut de sa bonne conduite en lui en attribuant cependant tout l'honneur. Monsieur de Labardès le père fut plus juste, et dans une solennelle occasion où Georges, arrivé à une position déjà éclatante, en fit part à son père, d'après les instigations de Félicie, ce ne fut point à son fils que répondit monsieur de Labardès, ce fut à madame de Norbert; ce fut elle qu'il remercia de l'honneur et de la gloire que venait d'acquérir son nom. Il y eut pour cette femme un saint et véritable transport de joie à la lecture de cette lettre. Ah! que de fois elle me l'a dit : « C'était l'heure où j'aurais dû mourir. Le témoignage d'estime de ce vieillard si sévère compensa un moment dans mon cœur toutes les marques de mépris que je recevais du monde; longtemps il me fut comme un bouclier contre ce qui me blessait auparavant : j'étais si peu accoutumée à un respect, que celui-là m'enivra; je me crus invulnérable.

Cependant les événemens marchaient; les hommes au parti duquel Georges s'était rattaché, sans être encore au pouvoir, avaient pris une place considérable dans le monde politique. Georges, porté par eux, était entré au conseil d'État, on le désignait pour un emploi de sous-secrétaire dans un ministère. D'après tout ce que je vous ai dit, vous devez comprendre que cette nouvelle élévation éloignait Félicie de cette haute fortune. Ce n'est pas que Georges eût changé pour elle; Félicie était toujours la seule femme qu'il aimait. Mais elle n'était plus sa seule passion. Il ne pouvait plus la trahir pour une rivale, mais il l'oubliait pour l'ambition. Il lui jetait l'or, le luxe, les fêtes, mais il ne pleurait plus avec elle. Il était trop loin déjà pour voir ses larmes; il était trop riche en honneur pour comprendre la misère où elle restait; il était trop heureux pour sentir son désespoir. Ce fut alors, il y a deux ans à peu près, que monsieur Labardès le père, qui avait repris en 1815 sa place à la cour royale de Bordeaux, arriva à Paris. Il ne descendit pas chez son fils, qui demeurait toujours avec madame de Norbert, mais il s'y rendit presque aussitôt. Il fut pour elle ce qu'il devait être pour une femme qu'il estimait hautement. Et cependant Félicie, un moment encore heureuse de cette absolution que la présence de monsieur de Labardès lui apportait, s'aperçut bientôt qu'elle avait amené un changement notable dans la conduite de Georges. Il donnait moins de temps à ses affaires; il ne la quittait plus si souvent; il lui renouvelait avec toute l'ardeur de ses premiers jours l'assurance d'une affection que rien ne pourrait briser. Il semblait se serrer contre elle comme pour lui dire : Rassure-toi, je suis là. D'abord ce fut un doux étonnement pour Félicie que ce retour à leurs premières habitudes, à leur vie intérieure et cachée. Mais bientôt, en remarquant la sombre préoccupation de monsieur de Labardès père, elle s'alarma des sermons du fils. Elle sentit qu'une main s'était glissée entre eux, et crut voir dans l'empressement de Georges une protestation contre les efforts qu'on faisait pour les désunir. D'abord elle se demanda si Georges ne cherchait pas à la tromper; mais ce doute s'effaça pour faire place à une certitude toute contraire. Dans un entretien où monsieur de Labardès le père était présent, Georges parla de son dégoût pour les affaires publiques, de l'intention où il était de les quitter, de sa haine pour la dépendance qu'elles entraînaient à leur suite, et du bonheur qu'il retrouverait en vivant modestement, dans un coin retiré, du peu qu'il avait amassé. Georges s'était retiré quelques momens après ces paroles que son père avait accueillies par un silence glacé, tandis que Félicie en cherchait avec terreur le véritable sens.

Aussi, dès qu'elle fut seule avec monsieur de Labardès, elle se tourna vers lui et lui dit d'un ton épouvanté :

— Qu'est-ce que cela veut dire, monsieur !

— Cela veut dire, madame, lui répondit le vieillard, que je n'ai plus d'espérance qu'en vous.

— Parlez, monsieur, reprit Félicie avec effroi.

— Vous me comprendrez, madame, et ce que vous avez fait m'est un garant de ce que vous ferez encore. Vous n'avez pas poussé Georges dans une si large voie de fortune pour l'y voir s'arrêter, n'est-ce pas ? Eh bien ! madame, il en est à un de ces instans de la vie où l'on arrive à tout quand on le veut.

— Ne le veut-il donc pas ? dit Félicie en tremblant.

— Il ne le peut pas, dit monsieur Labardès. La position qui lui est offerte est immense, elle est au delà de ce que toute votre ambition pouvait espérer pour lui ; mais elle lui est offerte à une condition que je l'estime de ne pas accepter.

— Et quelle condition, monsieur ? reprit Félicie, en contenant sous un air calme l'invincible terreur dont elle était frappée.

— Il s'agit, madame, de la pairie ; et de là à un ministère il n'y a pas loin.

— Mais quelle est cette condition ?

Monsieur de Labardès s'arrêta, prononça à voix basse ces deux mots :

— Un mariage.

Félicie laissa échapper un profond soupir.

— Un mariage ! je m'y attendais. Et Georges...

— Vous venez de l'entendre, il renonce à sa carrière plutôt qu'à vous, et je ne saurais l'en blâmer... Il a raison.

— Et je l'en remercie, dit madame de Norbert. Merci, Georges, reprit-elle, merci, tu as été tout ce que je voulais.

Monsieur de Labardès se méprit à cette parole, et dit :

— Il pourrait être plus encore !

— Il sera tout ce qu'il peut être, monsieur.

— Que dites-vous ?

— Écoutez ! Ah ! ce me sera une horrible douleur que de le fuir ; mais elle ne sera pas comparable au désespoir auquel il m'eût poussée si c'eût été lui qui m'eût quittée. Je comprends la noblesse de son sacrifice ; je sais tout ce qu'il atteste d'affection, de reconnaissance ; mais j'en sens aussi la portée et tout ce qu'il traînerait à sa suite de désillusion. Georges abandonnera pour moi tout ce que je lui ai donné, car c'est moi qui le lui ai donné (permettez-moi de me vanter une fois de mon œuvre au moment de l'achever). Il abandonnera tout ce que je lui ai donné ; mais il regretterait bientôt tout ce qu'il aurait perdu. La gloire, la renommée, le pouvoir sont un aliment dont on devient avide une fois qu'on y a goûté. Il pourrait sortir du banquet, mais il emporterait avec lui une faim devenue insatiable. Il y a longtemps que j'ai prévu le jour qui se lève, seulement je ne lui avais pas donné de date. Il vient d'en prendre une, et j'accomplirai aujourd'hui le sacrifice que je me suis imposée depuis longtemps. Je suis portée, monsieur, tant que j'ai été un agent d'honneur, de gloire, de bonne conduite ; je m'en vais du moment que je suis un obstacle.

La voix de madame de Norbert frémissait à mesure qu'elle parlait, et monsieur de Labardès tenait les yeux baissés, n'osant regarder la douleur qu'il avait fait naître. Enfin, il dit en mots entrecoupés :

— Non, madame, je n'accepterai pas un si noble dévouement.

— Ce n'est plus un dévouement, monsieur, c'est une nécessité. Accepter le sacrifice de Georges, ce n'est pas retourner d'où nous sommes partis. Quand j'étais avec lui dans la misère et le déshonneur, il n'avait rien perdu pour moi ; aujourd'hui je serais ce que vous disiez alors, je serais plus, ce ne serait pas un jeune homme vicieux dont j'achèverais la perte, ce serait un homme d'honneur dont je ferais la ruine. Je n'ai pas voulu mourir avec lui pour qu'on pût dire que je l'avais perdu ; je ne veux pas vivre avec lui pour qu'on dise que je l'ai perdu. C'est un parti pris, monsieur, je partirai ; mais je ne vous demande qu'une chose, c'est de garder mon secret pendant deux jours.

Deux jours après, en effet, madame de Norbert était partie pour venir me trouver ; car je lui avais parlé souvent dans mes lettres de la solitude où est perdu ce misérable bourg. Elle écrivit à Georges une lettre où elle lui dit les motifs de sa conduite ; elle ne reçut point de réponse, soit qu'il ait accepté le sacrifice et qu'il ait été si honteux de l'accepter qu'il n'ait pas osé l'avouer à celle qui l'avait fait, soit, ce que je suppose, que monsieur de Labardès le père, qui savait seul le secret de la retraite de Félicie, ait supprimé la réponse de Georges ; ce fut le dernier message que cette infortunée envoya à l'homme qui lui avait donné un malheur si complet.

— Vous vous trompez, dis-je à monsieur P...., car elle m'a remis une lettre pour lui.

M. P.... la prit et en lut la suscription.

A monsieur de Labardès, conseiller d'État, etc.

— Eh bien ! me dit-il, il faudra la porter à monsieur le comte de Labardès, pair de France, ministre de... Ce matin les journaux nous en ont apporté la nouvelle. Félicie a dû l'apprendre, et c'est sans doute une lettre de félicitations qu'elle lui écrit.

Un mois après je voulus remettre cette lettre à sa destination, mais je ne pus parvenir jusqu'au ministre à qui elle était adressée, et, forcé de retourner à mon poste, je la donnai à un huissier de l'antichambre ministérielle, qui la prenant pour une pétition, la remit au secrétariat du bureau particulier. C'est là et d'un de mes amis que j'appris que monsieur P... ne s'était pas trompé, et que Félicie avait signé, sur son lit de mort, une lettre de complimens affectueux à monsieur de Labardès pour la haute position à laquelle il venait d'être promu. Elle ne voulut pas même lui laisser un remords. Tant d'amour et de malheur devraient être comptés pour de la vertu.

FIN D'UN MALHEUR COMPLET.

www.ingramcontent.com/pod-product-compliance
Lightning Source LLC
Chambersburg PA
CBHW060608050426
42451CB00011B/2150